금요일 오전에 만나요

금요일 오전에 만나요

가을
지음
어느김집사
혜자스러움

프롤로그

<금요일 오전에 만나요>를 한마디로 평하자면 '기적'입니다. 매주 금요일은 독서 브런치 수업이 있는, 내겐 더없이 귀한 날이었습니다. 월요일부터 목요일까지 빼곡한 수업으로 녹초가 됐다가도 금요일을 생각하면 다시 기운이 불끈 솟아났습니다. 잠시나마 숨 쉴 여유가 절실한 때였습니다.

내 삶의 작은 사치는 '책'이었습니다. 책을 함께 읽고 나누는 시간이 필요했습니다. 일종의 책부림이라면 책부림이라 하겠습니다. 그런 간절한 시간에 *가을, 지음, 어느 김집사, 혜자스러움* 소중한 그녀들을 만났습니다.

우리의 첫 만남은 아파트 내의 작은 도서관에서 시작됐습니다. 나는 글쓰기 수업을 먼저 시작했습니다. 지금 생각해보면 '독서 브런치'라 해놓고 글쓰기를 가르쳤으니 아마도 '저 선생이 무슨 꿍꿍이가 있나'라고 생각했을지도 모르겠습니다. 아마도 독서와 글쓰기가 전혀 무관하지 않다는 것을, 오랜 독서의 끝은 내면을 들여다보고 그것을 글로 기록했으면 하는 바람이 투영된 것이 아닌가 싶습니다.

첫 수업부터 글쓰기를 했으니 다음 회차부터는 아무도 오지 않겠다고 생각했으나 완전히 오판이었습니다. 오히려 그녀들은 열의를 다졌고, 매 순간을 기록하기 시작했습니다. 적어도 더 이상 의미 없이 버려지는 순간이란 존재하지 않았습니다.

어린 나이에 크나큰 수술을 하며 상처를 안고 살아갈 법한 **가을**은 자신을 지키기 위해 부단히 애를 썼습니다. 그녀의 온화한 미소 뒤에 가려진 아픔이 활자가 되어 치유의 시작이 되길, 위로의 상징이 되길 간절히 바라고 또 바랐습니다.

이런 풍성한 에피소드를 수십 년간 어떻게 안고 살아가셨을지, 기가 막히게 울고 웃을 수밖에 없었던 **어느 김집사**의 이야기는 그야말로 감동 그 자체였습니다. 아이들을 향한 엄마의 마음이 이다지도 간절하고, 이다지도 아름답다는 것을 온 마음으로 표현하시는데 울고 웃다가 이내 숙연해질 수밖에 없었습니다.

나는 '어른이'란 말을 지음을 통해 처음 접했습니다. 이 한 단어를 붙들고 오래도록 **지음**의 마음과 하나가 되었습니다. 흔들리고, 부딪히고, 무너지고 다시 일어나는 게 삶이란 것을 그녀도 천천히 알아가는 모양입니다. 그 과정이 때론 쓰라리게 아플지라도 담담히 이겨내는 모습이 대견했습니다.

혜자스러움의 원고를 받고 가장 오래도록 고민했습니다. 큰 도화지에 관계를 그린 뒤에 등장인물의 마음을 하나하나 세심히 살폈습니다. 그러자 화자인 그녀뿐만 아니라 각각의 인물들이 꾹꾹 눌렀던 인고의 시간이 물밀듯이 밀려왔습니다. 알 수 없는 전율이 감돌던 순간이었습니다. 감히 그 지난한 과거를 모두 이해할 순 없을 것입니다. 다만 분명한 것은 아픔을 글로 끄집어내면서부터 그녀는 달라지기 시작했습니다. 많이 웃기 시작했고, 그녀가 입버릇처럼 말하던 '살날이 얼마 남지 않았다'는 어느새 쏙 들어가고 '더없이 즐기며 살아보자'가 그 자리를 대신했습니다. 그거면 더할 나위 없이 충분합니다.

글의 힘이 그렇습니다. 아픔을 치유하고, 마음을 표현하며, 세상과 부딪힐 단단한 힘, 세상과 더없이 즐기며 살아갈 희망을 두 손에 불끈 심어줍니다. 이 책을 통해 **가을, 어느 김집사, 지음, 혜자스러움** 작가님이 세상을 더욱 사랑하고 따뜻하게 바라볼 수 있었으면 좋겠습니다. 기획자로서, 또 편집자로서 독자님들께 드리는 작은 바람이 있습니다. 켜켜이 쌓여있다 용기 내어 가지런히 수놓은 작가님들의 이야기에 여린 마음 하나 내어주시길 바랍니다.

부디, 그 마음이 여러분의 삶의 한 줄기 희망이 되었으면 합니다. 이제 기적이 독자 여러분의 마음속에 성큼 걸어갑니다. 반갑게 마중해주시겠어요?

추천의 말

이들은 알까요. 자신들이 써낸 이야기들이 누군가에게 따뜻한 볕이 되고자 쏘아낸 희망찬 빛이라는 것을요.

아주 오래전으로 거슬러 올라갑니다. 나의 '지금'을 이루고 있는 기억의 시작점. 때로는 충격적이고, 아프고, 설레고, 뭉클했던 찰나의 기억들로요. 이들은 과거의 기억들을 끄집어 올려, 검정 글씨로 대담하게 내놓았습니다. 조용히 희미해져도 되는 기억일지라도, 아직도 자신을 옥죄고 손 떨리게 하는 기억들일지라도, 이들은 용기 내어 아린 기억들을 담담하게 들어 올렸습니다.

'자신을 써냈다'라는 표현이 가장 적절하겠다는 생각이 들었습니다. 자신만의 고유한 문체, 단어, 구조, 형식을 따라 나아가는 서로 다른 4개의 이야기들 속에는 완전히 다른 새로움이 존재합니다.

배경과 기억이 다른 4개의 이야기는 우연히 금요일 오전에 만나게 되었습니다. 이들은 모여 어떤 이야기를 나누었을까요. 이들은 서로의 이야기를 읽으며 어떤 감정이 들었을까요. 이들은 서로의 이야기를 향해 어떤 말을 전했을까요. 금요일 오전, 그 햇볕 좋은 시간에 나눈 경쾌한 기억들은 소중한 한 권의 에

세이집이 되어 세상을 향해 나아가려 합니다. 독자 여러분들은 책 속 오롯이 자신을 전한 작가들의 문장을 따라, 감정의 바다를 마음껏 항해하시길 응원하겠습니다.

고유출판사 대표 **이창현**

목차

	프롤로그	8
	추천의 말	11

가을

나를 지키는 나	18
나 불임일 수도 있대	21
너를 기다리며 - 난임 이야기	25
세상과 다른 눈으로 나를 사랑하는	29
최악의 성인(成人)과 최고의 성인(聖人)	32
목련나무에 걸린 피터팬	36
아프리카, 나미비아, 스피치코프, Southern Cross	40
할머니가 사랑하는 방식	42

어느 김집사

널 만난 세상 더는 소원 없어	52
아들, 너는 사랑받기 위해 태어났단다	56
줄탁동시 학습법	61
아이가 좋아하고 잘하는 것이 무엇인지 알아가기	64
키 작은 건 용서할 수 있지만 웃기지 않은 건 용서할 수 없다	67
아들과의 게임에는 피도 눈물도 없다	70
야베스의 기도	73
우리 손자는 커서 유엔 사무총장이 된다	75
포켓몬 피규어와 작은 거인	77
메시형 보러 바르셀로나 가다	80
엄마, 나 그런 아들 아니에요!	84
아들아, 선생님 그림자도 밟지 말아라	87
큰아이와 둘째 아이와의 첫 만남	90
시작했다면 끝까지 하게 하라	93

지음	소중한 너에게 보내는 마음	98
	각박한 세상 속 소박한 행복 찾기	102
	별들의 세상 : 너희라는 별을 불러본다	106
	따뜻한 손길의 그리움	109
	내 동생이 개구리 왕자라니	115
	전지적 지음시점1. 감정분리수거	124
	뼈 때리는 그녀의 한마디	126
	두유노 BTS? 마이네임 이즈 지민!	129
	소변이 요강에 정조준되던 순간	137
	우리 엄마는 힘이 세고 요리를 잘해요	145
	전지적 지민시점 2. 회복탄력성이라 말하고 적응이라 쓴다	151

혜자 스러움	나는 1945년생 이혜자입니다	158
	장애는 더 이상 장애가 되지 않도록	164
	어머니의 멍든 가슴	172
	마르지 않는 행복보험, 나의 아버지	176
	애증의 관계, 큰 언니	179
	능소화를 닮은 셋째 언니	187
	남편과의 만남	196
	잊을 수 없는 시 부모님	207
	만년필과 볼펜	214
	45년생 혜자의 늙음에 대하여	217
	이래 저래 기쁜 날	223

가을

사랑하는 사람들의 이야기를 적었습니다. 글을 쓰며 울고 웃고 마음껏 사랑하고 추억했습니다. 더 많은 이들을 담지 못해 아쉬울 따름입니다. 입체적인 감정을 끝내 정리하지 못한 부모님을 향한 마음을 끝으로 글을 맺습니다.

나를 지키는 나

언제부터일까? 선택의 기로에 놓일 때마다 머리보다 입이 먼저 움직이기 시작한 것이.

"괜찮아. 나는 아무렴 다 좋아. 너 하고 싶은 대로 해." 쿨한 척 뱉고 나서 한 발자국 물러나면 비로소 머리가 움직이기 시작한다. '아니, 실은 괜찮지 않잖아. 싫다고 말해.' 하지만 때는 이미 늦었다. 결국 고집스럽게 뻗대는 몸을 질질 끌며 상대의 속도에 맞추기 위해 안간힘을 쓴다. 동시에 다시 고민에 빠진다. 도대체 나는 왜 싫다는 말을 못 해서 이러고 있는 것인가.

이런 성향은 가까운 관계일수록 더욱 짙게 드러난다. 마치 나 자신에게 최면을 걸듯 괜찮지 않은데 자꾸 괜찮다고 주문을 외운다. 나는 불편하더라도 상대는 불편하지 않았으면 하는 마음에 나를 희생하거나 포기하면서까지 맞춰주려고 애를 쓴다. 가끔 그런 나를 알아채고 그러지 말라고, 너 자신이 가장 중요하다며 나의 자존감을 치켜세워주는 몇몇 사람들 덕분에 배려하는 내 모습을 스스로 기특하게 여기며 살아왔다.

하지만 그런 상황을 맞닥뜨리면 힘이 쭉쭉 빠지는 이유는 왜일까. 난생처음 불편한 관계를 정리했다. 이런 나를 잘 알고 교묘히 이용하는 친구와 절교한 일이 바로 그것이다.

그녀는 자존심이 세고 자존감은 낮았다. 본인이 불리해질 때마다 나의 약점을 무기 삼아 친절히 남들에게 읊어줬다. 자신을 지키기 위해서 모든 것을 내 탓으로 돌리고 비난의 화살을 서슴없이 던져댔다. 그렇게라도 하면 본인의 약점이 감춰질 거라고 생각했던 모양이다. 관계를 과감히 정리해버리면 그녀가 상처받을까 봐, 다른 사람들이 나를 나쁘다고 손가락질할까 봐 두려웠다. 그래서 사랑하지도 못할 거면서 의무감으로 관계를 움켜쥔 채 버티다, 결국 내가 먼저 놓아버리고 말았다.

관계에 있어서 가장 중요한 것은 다름 아닌 '나'다. 관계 속에서 상처받는 나를 지키지 못한다면 그 관계는 정리하는 것이 옳다. 나를 지키겠답시고 그녀에게 "내가 친구로서 얘기해주는 건데, 네 잘못은 이러이러하고 그 고약한 성격을 고치지 않는다면 절대 용납하지 않을 거야."라는 말로 상처를 주느니, 차라리 말없이 놓아주는 것이 옳다는 결론에 이르렀다.

그렇다면 앞으로 내게 상처를 주는 모든 사람을 다 정리하며 살아갈 것인가? 문득 딜레마에 빠져버리고 말았다. 아직 정답을 모르겠다. 하지만 분명한 건 인생은 시행착오를 통해 배우고 성장한다는 것 그리고 어떠한 방법으로든 나를 지켜보려는 시도, 그 힘겨운 첫걸음을 뗐다는 것이다. 가슴 속 큰 응어리 같던 그녀와 더 이상 만날 일이 없다고 생각하니 홀가분해졌다. 물론 훗날 지금의 내 선택이 미성숙했다며 후회하게 될지라도 말이다.

이제 그렇게 살아가려고 한다. 싫으면 싫다고 말하면서. 하기 싫은 건 하지 않으면서. 무례한 사람에게 결코 곁을 내주지 않고, 나와 결이 비슷한 사람들과 함께하면서. 나 자신과 가장 돈독한 관계를 유지해가며 '나를 지키는 나'를 기특하게 여기면서.

나 불임일 수도 있대

　스물아홉, 30대를 코앞에 두고 사직서를 제출했다. '경력을 한참 쌓아야 할 네 나이에 무슨 퇴사야'라는 핀잔에 맞서 말 그대로 나 혼자 가슴 웅장한 퇴사를 했다. 그렇게 나의 숙원사업이자 오랜 꿈이었던 경찰공무원 시험을 준비하게 되었고, 두 번째 시험을 앞두었을 때 브레이크가 걸리고 말았다.

　생리가 끝났는데도 한 달 가까이 지속되는 기분 나쁜 통증에 산부인과를 찾아갔다. 사실 공부하는 동안 생리통이 심해지고 생리 양이 많아지는 등 이상한 낌새가 있었지만, 산부인과는 정말이지 가기 싫었다. 대학교 2학년 때의 아픈 경험 탓에 또다시 병원에 가는 게 두려웠다. 당시 나는 자궁내막증 4기로 복강경 수술을 받고 재발하는 바람에 학교를 휴학해야만 했다.

　"재발이네요." 지독하게 무심한 의사 선생님의 말투와 표정에, 당시 나와 엄마는 벙찌고 말았다. 머릿속에 수없이 그려지는 물음표를 추슬러 겨우 입 밖으로 꺼낸 질문에, 당신이 뭘 아냐는 듯 나무라며 그동안 뭘 먹었는지, 운동은 얼마나 했는지 모든 것을 내 탓으로 몰아세우던 그 의사 선생님은 어느덧 은퇴했다. 나는 그길로 다양한 치료를 병행했고 통증도 줄어들었고, 나름 안정기에 들어섰다고 생각했다.

사실 간헐적인 통증은 있었다. 그러나 일할 때는 바빠서, 공부할 때는 집중해야 해서. 적어도 시험 때까지는 내 몸이 버텨줬으면 하고 미뤄왔던 산부인과 진료였다.

3년 전 초음파 봤을 때는 보이지 않았던 수많은 근종이 자궁을 뒤덮었고, 각종 질환으로 자궁이 비대해져 아랫배만 볼록 튀어나왔다. 왜 내게 이런 일이 생겼나 싶어 시간을 거슬러 올라가며 이유를 찾았다. 일하면서 받은 스트레스 때문일까. 한의원에서 맞은 약침 때문일까. 격한 운동 때문일까. 음식을 가려먹지 않아서일까. 나는 또다시 나에게서 이유를 찾았다. '그래, 내 몸인데 누구를 탓해. 수술을 받았으면 주기적으로 검진도 받았어야지.' 내 몸을 너무 과신했다.

국내 대학병원 산부인과의 유명하다는 교수들은 다 찾아다녔다. 예약하고 진료까지 6개월이나 걸린 교수도 있었다. 2시간 걸려 찾아가도 2분이면 퇴장해야 하는 가차 없는 대학병원의 차가운 냄새는 언제나 적응하기 힘들었고, 감정이 없는 듯 허물만 인간스러운 어떤 교수는 내게 석 달 치 진통제를 무작정 처방해주기도 했다.

이 병원 저 병원을 전전하던 그때 간호사로 일하는 친구의 도움으로 우연히 한 교수님을 만났다. 그리고 그가 말했다. "환자 잘못이 아니에요. 운이 안 좋았을 뿐, 길을 걷다 우연히 마주친 여자도 앓고 있을지 몰라요. 단지 운이 나빠서 아픈 거니까 자책하지는 말아요. 어쩌면 남들보다 빨리 발견했으니 운이 좋다고도 볼 수 있죠. 치료할 수 있고 아기 가질 수 있어요. 마음 단단히 먹어요." 그날 진료실에 있던 휴지가 동날 때까지 엉엉 울며 큰 위로와 응원을 받았다. 끝내 아기가 생기지 않더라도 최선을 다해야겠다는 의지를 다진 순간이었다.

어쨌든 내 자궁은 포도송이 마냥 근종으로 가득 차 있고, 나는 당장 배가 아프고 수술을 받아야 했다. 정상 조직이 없기에 아이를 가지지 못할 수도 있고 진통제를 달고 살며 호르몬 치료까지 병행해야 한단다. 수술 아니면 적출, 두 개의 선택지 앞에서 나는 어찌할 수 없이 무기력해졌다.

당장 한 달 남은 필기시험을 본다 한들 무슨 소용이 있나 싶었다. 2차 체력 시험도 봐야 하는데 수술 후 회복기가 얼마나 걸릴지도 모를 일이었다. 무엇보다 지난 수술 이후 몸도 마음도 많이 지쳤던 가엾은 내가 생각났다. 감정 기복이 극에 달해 주변 사람들까지 힘들게 했던 그때. 덜컥 겁이 났다. 아무것도 의미 있게 느껴지지 않았다. 그래 내 몸부터 챙기자. 건강이 먼저야.

별안간 공부를 그만뒀다. 얼마나 오랫동안 바라던 꿈이었는데, 얼마나 어렵게 이 기회를 잡았는데… 앞만 보고 달리던 경주마의 눈에 안대를 씌운 듯 갈피를 잃고 헤매기 시작했다. 그리고 당시 교제하던 남자친구에게 말했다.

"나 불임일 수도 있대. 오빠가 헤어지자면 그렇게 할게."

그때 그가 말했다.

"왜 그런 별것도 아닌 이유로 우리가 헤어져야 해? 나는 아기가 아니라 네가 필요해. 같이 병원 가서 얘기 들어보고 수술 결정하자. 그리고 우리 결혼하자."

그렇게 우리는 단단한 부부가 되었다. 위기는 기회가 된다는 말, 힘든 사람들이 하는 정신승리인 줄만 알았는데, 위기를 통해 더없이 소중한 사랑을 얻어보니 쉽게 할 수 있는 말이 아닌 것 같다.

이후 나는 결혼을 했고 수술도 받았고 내년에 시험관 시술을 앞두고 있다. 내 배에 새겨진 13센티미터 절개 흉터는 더 이상 흉터가 아닌 사랑의 표식이 되었다.

너를 기다리며 - 난임 이야기

여자들은 저마다 각각 다른 난자의 개수를 갖고 태어난다. 한평생 배란을 통해 난자의 총 개수를 다 소진하고 나면 완경(폐경)을 맞는다. 난소와 자궁 모두 건강하다면 지극히 자연스럽게 배란 후 월경 혹은 수정-착상-출산으로 이어지겠지만, 여러 가지 이유로 인해 그렇지 않은 경우가 있는데 이를 '여성 난임'이라고 한다.

나는 현재 30대 초반이지만 난소 기능 저하로 인해 난소 나이는 40대 후반이다. 의사 선생님 말씀에 따르면 두 가지 이유를 추측해볼 수 있는데 첫 번째는 타고난 난자의 개수가 적거나, 두 번째는 20대 초반에 받았던 난소 수술로 인한 기능 저하이다. 사실 정확한 이유는 알 수 없고 그저 추측할 뿐이라고 한다. 나는 아주 일찍이, 스물한 살에 난임 판정을 받았다.

초등학교 5학년 때 초경을 시작한 이후 늘 생리통이 심했다. 그날이 오면 극심한 고통에 정신을 잃은 적도 여러 번이다. 그래서 나는 학창 시절 단 한 번도 개근상을 받아보지 못했다. 대학 시절, 배를 부여잡고 응급실에 실려 갔는데 각종 검사를 하고 나서 결국 자궁내막증 4기 판정을 받았다. 그때 엄마가 걱정할까 봐 말을 안 하고 일주일간 입원했다가 나중에 호되게 혼이 났다.

"너 이러고 있는 동안 엄마는 좋다고 웃고, 맛있다고 먹고 있었어. 네가 아무리 엄마를 생각해서 그랬다지만 이런 건 가장 먼저 얘기했어야지."

엄마의 눈물을 보며 죄스러운 마음에 한동안 말을 잇지 못했다. 그러나 얼마 안 가 다시금 후회했다. 엄마는 입원 생활 내내 옆에서 함께 하며 나보다 더 아파했다. 딸의 아픔 앞에서 모든 이유를 자신에게서 찾으며 자책하는 부모의 모습을 보는 게 절개 부위의 통증보다 더 아프고 힘들었던 것 같다.

수술 이후 검진 때마다 대학병원 산부인과에 들어서면 나를 따라오는 시선들이 너무나도 뾰족하고 싫어서, 모자를 푹 눌러쓴 채 의자에 종잇장 마냥 구겨지듯 앉아 이름이 호명되기만을 기다렸다. 당시만 해도, 어쩌면 지금도 산부인과에 가는 젊은 여성을 향한 사회적 시선이 대체적으로 부정적인 것 같다. 그래서 나는 산부인과에서 만나는 젊은 여성들에게 어떠한 시선도 보내지 않는다. 단 두 개의 까만 눈동자만으로도 그 눈길을 견디는 것이 지옥처럼 힘들 거라는 걸 알기에.

그로부터 긴 시간이 흘러 두 번째 수술을 받았다. 이번에는 부모님 대신 남편이 내 곁을 지켰다. 그리고 현재의 가장 신선한 난자를 보관해두기 위해 수차례에 거쳐 난자채취 과정을 밟고 있다.

2주간 매일 같은 시간 배에 자가주사를 놓는다. 많이 맞는 날은 한 번에 주사 4개를 맞기도 한다. 그런 날은 매일 주사를 맞은 탓에 딱딱하게 경직된 뱃살을 훑어가며, 그나마 말랑말랑한 부위를 찾느라 꽤 오랜 준비시간을 가져야 한다. 시험관 시술하는 동안 맞은 주사기는 버리지 않고 보관해왔는데, 나중에 아이가 생긴다면 지칠 때마다 이 아이를 갖기까지 얼마나 노력했는지 스스로를 격려하기 위함이고, 아이가 생기지 않는다면 역시 노력의 산물로서 나를 기특하게 여겨주기 위함이다.

내 난소에서 쏙쏙 뽑혀간 난자들은 남편의 활동성 좋은 정자들과 만나 수정을 이루어 냉동실로 향한다. 이름하여 냉동 배아. 이번 사이클에서 나는 2개의 난자를 얻었다. 내 나이대에 채취할 수 있는 난자의 평균 개수와 비교하면 턱없이 부족한 숫자이지만 나는 이마저도 감사하다. 수술 이후 첫 시술이었다. 수술이 잘못되었다면 난자가 아예 나오지 않았을지도 모를 일이었는데, 이로써 긍정적인 수술 경과를 확인할 수 있어서 다행이다.

생각지도 않았던 아이가 어느 날 뿅 생긴다면 결코 느낄 수 없는 무게감을 매일 느낀다. 음식을 먹을 때도, 바르는 약을 하나 처방받을 때도 아이를 갖는데 유해할까 싶어 조심하게 된다. 멍투성이인 배에 또다시 주삿바늘을 꼽고 욱신거림을 고스란히 느끼며 '이런 노력조차 하지 않고 결국 아이가 안 생겼을 때 느낄 고통에 비하면 작다.'고 스스로를 위로하면서, 이번 사이클도 무사히 마쳤다.

마지막으로 애타게 기다리는 너에게.

  아가야 너를 만나기 위해 이 모든 시간을 감사하게 여기며 즐겁게 보내고 있어. 별은 어두워야 보이는 것처럼 우리가 어쩌면 놓칠 수 있었던 일상의 소중함을 발견하며, 좋은 부부 그리고 부모가 되기 위한 준비를 하고 있단다. 아기 발은 작아서 오기까지 시간이 오래 걸린다는데 누구보다 더 오래 걸려도 괜찮아.

  언젠가 우리가 만나게 되는 날 왜 이리 늦었냐며 혼내지 않을게. 수고했다고 토닥이며 기쁘게 너를 맞이할게. 노심초사 애타게 기다린 너이기에 이 세상 그 무엇보다 소중하겠지만 그 부담을 너에게 지우지 않기 위해 현명하고 독립적인 부모로 성장하고 있을게. 우리 둘 다 건강하게 만나자.

세상과 다른 눈으로 나를 사랑하는

나는 모태신앙 크리스천이다. 어려서부터 '결혼은 선교가 아니야. 안 믿는 사람과 결혼하는 건 모험이야.'라는 주문을 외우는 사람들이 주변에 수두룩했다. 나 역시 같은 생각이었기에 무교인 남편과 결혼하겠노라 마음먹었을 때 크리스천끼리의 결혼을 미덕으로 여기는 사람들을 설득(?)해야 한다는 이상한 의무감을 느꼈었다.

내 아집을 깨뜨린 남편은 실로 정말 대단한 사람이다. 그는 평생을 종교 없이 살아왔으나 나를 만난 이후 "신앙이 너에게 얼마나 소중한 것이기에 네 삶의 이유라고 하는지 궁금해. 너를 더욱 이해하기 위해 교회에 함께 가고 싶어"라며 소중한 주말 아침에도 기꺼이 나를 따라나섰다.

과연 나라면 그렇게 할 수 있었을까. "못 가게 하지 않을게. 대신 나한테 같이 가자고 요구하지만 마."라며 그와 나 사이에 빨간색 줄을 분명하게 긋지 않았을까. 사랑 앞에 세상 부지런한 남편에게 감탄하며 진짜 사랑이 무엇인지 생각해보았다.

남편과의 첫 만남을 기억한다. 흰색 파타고니아 티셔츠를 입고 검정색 힙 색(hip sack)을 맨 채 공원에서 마주한 남자. 우리는 9월의 선선한 바람을 타고 소소한 이야기들을 나누며 매일

공원을 걷고 뛰었다. 걱정 많고 예민한 나에 비해 남편은 굉장히 무던한 성격으로 감정의 기복이 크게 없다. 먹고 싶은 것도 가고 싶은 곳도 딱히 없는 단세포 같은 사람. 바라는 게 있으면 얘기해보라는 나의 질문에, 바라는 것 없이 너 하나로 충분하다는 말과 함께 따뜻한 미소를 보이는 사람. 별난 내 성격도 별거 아니라는 듯 받아주는 대단한 사람이다.

남편은 독립적이고 자기 삶에 대한 책임감이 투철한 사람이다. 커리어에 필요한 자격을 얻기 위해 시간과 열정을 투자하기를 마다하지 않고, 경제적 기반을 쌓기 위해 늘 합리적인 소비를 하려고 노력한다. 밖에서는 이성적이고 논리적이면서도 집에서는 둥글둥글 수더분한 성격으로 내 이야기를 잘 들어주고 갈대와 같은 나의 마음에 공감을 참 잘해준다.

그리고 혼자서도 참 잘 지내는데, 예를 들면 신발을 깨끗하게 닦는다든가, 구석구석 집 청소를 한다든가, 가만히 누워서 노래를 부르는 등 홀로 스트레스를 풀며 귀엽게(?) 시간을 보내곤 한다.

별다른 이유 없이도 사서 걱정하는 성격 때문에 뜬눈으로 많은 밤을 지새웠던 나는 결혼 이후 생경한 안정감을 느꼈다. 불면증이 없어지고 숙면을 하기 시작했다. 내가 예민해지는 타이밍을 잘 아는 남편은 늘 내 표정이나 감정선을 섬세히 살핀다. 무언가 심각해 보이면 기꺼이 문제를 해결해주기 위해 노력하는데, 특히 불편한 감정을 혼자 온전히 느끼도록 내버려 두지 않는 점이 참 고맙다. 나의 감정선을 하나하나 짚어가면서 나조차 몰랐던 이유 모를 감정들을 해소해주는 남편에게 감사할 따름이다.

나는 결혼 후 수술과 잦은 병원 진료 때문에 다니던 직장을 그만두게 되었다. 그러던 중 사업을 시작하게 되었는데 남편은 주춤하는 내게 선뜻 큰돈을 쥐여주며, 지금은 너에게 투자하는 시기라고, 내가 뒤를 지키고 있으니 마음껏 꿈을 펼쳐보라며 든든한 버팀목이 되어주었다. 그는 고맙게도 수개월이 지난 지금도 여전히 변함없는 신뢰를 보내주고 있다.

'그래 이 사람이지' 하며 결혼을 결심하고 부부가 되기로 약속하던 날, 귓가에 맴돌던 노래가 떠오른다. 마치 우리를 위해 만들어진 곡처럼 오래도록 마음에 머물러있다.

*세상과 다른 눈으로 나를 사랑하는
세상과 다른 맘으로 나를 사랑하는
그런 그대가 나는 정말 좋다.
그댄 나의 미래다.*

내 감정을 섬세히 살피는 다정함, 언제나 제자리를 지키는 커다란 나무처럼 든든한 사람. 나의 어제이자 오늘, 그리고 내일도 변함없는 사랑으로 나를 믿어주고 지켜봐 줄 단 한 사람. 남편이 있기에 내 세상은 오늘도 더없이 다정하고 따뜻하다.

최악의 성인(成人)과 최고의 성인(聖人)

내 작은 세상에도, 내 짧은 인생에도 사람을 통해 배울 점이 참 많았다. 그런데 어째 많은 이들의 존경을 받는 성인(聖人)보다 그냥 성인(成人)에게 배우는 것들이 더 많은 듯하다. 예컨대, '나는 절대 저렇게 살지 말아야지, 저렇게 나이 들지 말아야지'라는 굳은 다짐을 하게 만든 사람들이 이에 해당한다. 내가 직장에서 만난 최악의 사람들이자 반면교사의 표본으로 삼게 된 유형을 감정을 최대한 배제한 채 적어본다.

* 聖人 지혜와 덕이 매우 뛰어나 길이 우러러 본받을 만한 사람
* 成人 자라서 어른이 된 사람

1. 자격지심으로 똘똘 뭉친 사람

이간질 잘하는 사람들은 대체로 샘이 많다. 그리고 그 이면에 가득 차 있는 자격지심. 인턴 시절에 만났던 그녀가 딱 그런 사람이었다. 나와 띠동갑 차이가 났던 그녀는 우리 팀의 회계를 담당하는 직원이었다.

모두의 관심을 한 몸에 받으며 패기 넘치게 뛰어다녔던 어린 인턴이 마음에 들지 않았던 것일까? 한꺼번에 다양한 업무를 배우느라 정신없던 어느 날, 그녀는 나를 화장실 앞에 잡아 세웠다. 그때의 싸늘한 눈, 날카로운 목소리는 마치 어제 일처럼 생생하다. "여기서 오래 살아남으려면 회계부터 배워야 해. 기

획서 쓰는 일보다 내가 가르치는 일이 더 중요해."

권한 없는 자의 호기로움은 그 어떠한 권력보다 더 세고 강했다. 하지만 아쉽게도 당시, 입사한 지 갓 한 달 된 인턴사원에겐 그것을 분별할 능력이 없었다. 직속 상사에게 업무를 배우는 동시에 그녀가 시키는 강도 높은, 그러나 영문 모를 일들을 다 해내야만 했다.

이를테면 밤 10시에 업무를 마치고 새벽 3시까지 우편 봉투에 주소 라벨지를 붙이는 일이 그랬다. 물론 저녁 6시 정각이면 신데렐라처럼 퇴근해버리는 그녀가 없는 상태에서 말이다. 그렇게 그녀에게 길들여지며 나중에는 옷 입는 스타일을 비롯한 일거수일투족을 지적받아야 했다. 시간이 지나며 알게 되었다.
가스라이팅이었다는 것을. 나중에 안 사실이지만 그녀가 내 상사에게 "쟤는 일 배우는 게 재미없나 봐요. 라벨지 붙이는 일이 제일 재밌대요."라고 말했다고 한다. 나 그거 하기 진짜 싫었는데.

2. 타인을 향한 면박이 취미이자 특기인 사람
타인에게 망신을 줄 때 쾌감을 느끼는 일종의 소시오패스 같은 사람이 있다. 이런 사람과 함께 있으면 그의 말이 사실이 아니더라도 나 자신을 비관하게 된다.

근거 없는 자신감에 정해진 목표가 있으면 무작정 화살을 쏘아 올렸던 시절이 있었다. 그 시절은 나를 지나치게 용감한 사람으로 만들었다. 자기소개서와 명함 한 장 들고 시키는 일은 뭐든지 잘 할 수 있다고, ○○사무실을 찾아갔다. 그리고 그곳에서 그를 만났다. 타인을 향한 면박이 취미이자 특기인 사람. 호기로웠던 내 자신감과 자존감이 바닥까지 가는데 가장 큰 역할을 했던 그 사람.

그는 하나부터 열까지 나를 통제하고 싶어 했다. 일종의 텃세이자 가스라이팅이었다. 끝내 본인 말을 고분고분 듣지 않았다는 이유로 주요 업무에서 나를 배제했다. 내 공을 본인이 다 한 것처럼 빼앗아갔고, 후임 앞에서 대놓고 면박을 주기 일쑤였다. 내가 설 자리는 종이 한 장만큼도 없었다. '더 열심히 하면 되지'라는 희망은 '더 이상 면박이라도 듣지 말자'라는 절망이 되었다. 그 뒤로 나는 그의 눈치를 살피며 입을 닫게 됐다.

시간이 지나도 나아지질 않았다. 그리고 훗날 내가 앓고 있는 게 PTSD라는 것을 알게 되었다. 그의 얼굴만 봐도, 목소리만 들어도 심장이 수축하며 불규칙적으로 마구 뛰는 현상. 이 글을 쓰는 지금도 숨이 턱턱 막힌다.

하지만 감사하게도 최고의 성인(聖人)도 늘 곁에 있었다. 당차게 자리를 박차고 일어나 새로운 곳에 가겠다고 출사표를 던졌을 때, 많은 사람이 '어딜 가나 내 맘 같지 않은 건 다 똑같다'며 만류할 때,
"기죽지 말고 네 마음이 동하는 곳에서 당당하게 일해. 너는 어디서든 사랑받으며 잘할 거야."라며 용기를 북돋아 주었던 직

장 상사. 안정적인 직장보다 내 가치를 스스로 인정할 수 있는 곳으로 방향성을 잡아주었던 그 은인 덕분에 나는 안주하지 않고 계속 발전해 나갈 수 있다.

　내가 잘 해내야 하는 이유가 되어준 이들 덕분에 나는 오늘도 마음의 갈피를 다시 잡는다. 모두가 아니라고 할 때, 실낱같은 가능성일지라도 상대를 믿고 온 우주의 기를 모아 '예스'라고 말해줄 수 있는 사람. 나 또한 누군가에게 그런 성인(聖人)이 되어주고 싶다.

목련나무에 걸린 피터팬

그날은 엄마랑 병원에 다녀오려던 참이었다. 그런데 유난히도 겁이 많았던 동생이 그날따라 혼자 집에 있겠다고 생떼를 부리기 시작했다. 그의 나이 여섯 살, 스타크래프트 게임이 발목을 붙잡은 모양이었다. 병원이 집에서 가깝고 동생은 컴퓨터 게임에 푹 빠져 있으니 얼른 다녀오면 될 일이었다. 엄마랑 병원에 갔다가 돌아오는 길에 집 앞 마트에 들러 나의 사랑, 짜요짜요 딸기맛 한 박스를 품에 안고 서둘러 아파트 앞에 다다랐다.

아뿔싸 이럴 수가. 엘리베이터가 고장 났다. 11층까지 언제 올라간담. 엄마는 무거운 장바구니를 두 손에 든 채 나를 데리고 계단을 오르기 시작했다. 얼른 올라가서 짜요짜요 먹어야지. 헉헉거리며 힘겹게 오르던 중에 엄마가 불현듯 창문 밖을 내다봤다. 당시에는 그 이유를 몰랐지만 지금 생각해보면 엄마의 촉이 아니었을까 싶다. 왠지 모르게 싸한, 그 기분 나쁜 느낌. 어쨌든 별 탈 없이 우리는 11층 현관문 앞에 도착했다.

열쇠로 문을 열고 들어갔다. 엄마가 동생 이름을 부르며 찾기 시작했는데 아무리 기다려도 동생이 대답을 안 했다. 나는 '얘가 게임에 완전히 빠져 버린 건가?' 하며 식탁 의자에 앉아 짜요짜요 박스를 뜯기 시작했다.

그때부터 엄마가 사색이 되어 동생을 찾기 시작했다. 베란다 큰 창문이 활짝 열려있고 그 앞에 식탁 의자 하나가 덩그러니 놓여있었기 때문이다. 나도 그 장면을 목격한 순간, 내 옆에 있던 인터폰이 소름 끼치도록 무섭게 울리기 시작했다.

무심코 인터폰을 받았다. 경비 아저씨 목소리 같은데 나에게 고래고래 소리를 질렀다. 뭔가 큰일은 난 거 같은데 도저히 무슨 말인지 못 알아듣겠기에 엄마한테 인터폰을 넘겨주었다.

나는 그날 이후 지금까지도 엄마의 그렇게 큰 목소리를 들어본 적이 없다. "네?!" 엄마가 인터폰을 내동댕이치고 동생 이름을 외치며 현관문을 향해 뛰기 시작했다. 나는 그런 엄마가 낯설고 무서웠지만, 행여나 놓칠까 싶어 필사적으로 따라나섰다. '짜요짜요 먹어야 하는데…' 1층까지 계단을 뛰어 내려가는 그 시간은 무거운 장바구니를 들고 걸어 올라온 시간보다 더디게 느껴졌다.

당시 우리 집 아파트 화단에 목련나무 한그루가 심겨 있었다. 화단의 크기는 1~2평 남짓한 크기. 계단을 뛰어 내려간 그곳에는 동생이 많은 사람에게 둘러싸여 있었다. 어떤 아줌마가 눈이 뒤집어진 동생을 품에 안은 채, 생수병에 든 물을 동생 얼굴에 들이붓고 있었다. '저 아줌마는 왜 내 동생 얼굴에 물을 붓는 거지? 쟤는 왜 저러고 있는 거지? 엄마는 왜 이렇게 큰 소리로 우는 거지?' 혼란스럽고 무서웠다. 그리고 내 기억은 거기서 멈췄다.

다시 기억이 나기 시작하는 시점은 저녁 느지막이 병원에 도착했을 때였다. 처음 동생이 응급실에 실려 갔을 때 의료진이 말하기를, 11층에서 떨어졌으면 반드시 심장이나 장파열이 있을 거라고 했단다.

하지만 기적적이게도, 감사하게도 내 동생은 가벼운 찰과상 및 등 피부가 찢어져서 봉합하는 것으로 짧은 병원 생활을 마쳤다. 11층에서 자유낙하 하던 중 1차로 나무에 옷이 걸려 충격이 흡수되고, 그대로 흙바닥으로 떨어져 죽지 않고 산 것이다. 1~2평 남짓한 화단에 심어진 단 한그루의 목련나무에 걸려서. 그것도 엄마랑 내가 계단을 오르는 그 순간에. 엄마가 중간에 창문을 한번 내다보고 나서 다시 집을 향해 올랐던 그 짧은 찰나에.

그날 이후 동생 등에는 나무에 걸리면서 찢기어져 생긴, 커다란 번개 모양 상처가 생겼다. 상처가 아물고 흉터가 오돌토돌 튀어나오기 시작했을 때 나는 매일같이 동생에게 등을 보여달라고 했다. 흉터를 만져볼 때마다 내 동생이 살아 돌아왔다는 왠지 모를 안도감과 기특함을 느꼈던 것 같다.

오늘날 키 184cm의 기골이 장대한 청년으로 성장한 동생은 그날을 이렇게 상기한다.

"한참 게임을 하다 정신을 차려보니까 엄마가 안 보이길래 찾으러 가려고 현관문을 열었는데 엘리베이터가 멈춰있는 거야. 엄마가 엘리베이터에서 떨어진 줄 알았어. 그래서 나도 더는 살 의미가 없다고 생각해서 뛰어내렸던 거야. 근데 떨어지는 동안 엄청 시원하더라."

이토록 어이없고 황당한 이유가 또 있을까. 그리고 나는 정말로 궁금하다. 내가 기억을 잃은 그 몇 시간 사이에 과연 짜요짜요를 먹었을까?

비하인드 스토리1. 사고가 났던 날 아침에 목련나무를 가지치기할 예정이었는데 기사님이 장비를 두고 와서 다음 날로 미뤄졌다고 한다. 무성하게 자란 나무 덕분에 동생이 살 수 있었던 것이다.

비하인드 스토리2. 사고 이후 아이들이 놀다 넘어져서 울면, 동네 아줌마들이 "애, 그 정도 가지고는 울지도 마라."며 다 그쳤다는 웃픈 후문이 전해졌다.

비하인드 스토리3. 아빠 친구가 방송국에 제보하는 바람에 '세상에 이런 일이' PD님한테 몇 번이나 연락이 왔는데, 부모님은 그게 뭐 좋은 일이라고 재연하겠냐며 한사코 거절했다고 한다.

ps. 목련나무에 걸렸던 피터팬아, 건강한 모습으로 지금도 곁에 있어 주어서 비로소 그날을 웃으며 회상할 수 있는 거 같아. 살아줘서 고마워. 그리고 언젠가 너의 팅커벨이 될 그녀와 함께 할 날을 기다릴게.

가을

아프리카, 나미비아, 스피치코프, Southern Cross

저녁 7시, 주황색 해가 뉘엿뉘엿 지고 있다. 광활한 사막 한 가운데 거대한 코끼리가 웅크리고 있다. 아니, 사실은 그렇게 생긴 바위산을 향해 걷는다. 바위에 올라 슬며시 누워보니 따뜻한 돌의 온기가 등에 그대로 느껴진다.

"온종일 태양이 달궈 놓았나 봐, 따뜻해."

곧이어 해가 지평선 너머로 사라진다. 붉은 노을도 점차 사라져간다. 이곳은 빛도 전기도 없는 곳. 아프리카의 대자연에 무방비 상태로 누워있다. 맹수가 나타날지도, 맹독을 가진 뱀 혹은 곤충이 나타날지도 모른다. "아, 몰라. 그냥 이대로 잠들래. 너무 좋잖아." 혹시나 싶어 플래시를 비춰보니 누워있는 내 옆으로 커다란 거미가 지나간다.

드디어 암흑이다. 보이지도 들리지도 않는다. 그저 건조하고 포근한 바람만이 살갗을 스친다. 바위산 아래 저 멀리 트럭 주변에 사람들이 삼삼오오 모여있다. 어렴풋한 웃음소리가 정적을 뚫고 들려온다. 그리고 우리는 여전히 돌산에 누워있다. 그때 옆에서 탄성이 터져 나온다. "하늘 좀 봐."

우와. 이런 걸 자연의 극치라고 하나. 누군가 은빛 물감을 물에 풀어 뿌려놓은 듯한 은하수와 숙련된 세공사가 촘촘히 다이아몬드를 박아놓은 듯, 별로 빼곡한 하늘이다. 눈을 세게 감았다 크게 뜨고 비벼봐도 그대로다. "하나님 감사합니다." 감사하지 않고는 도무지 이 황홀경을 해소할 방법이 없다.

보이는 광경이 도저히 믿기지 않아서, 말문이 막혀 가만히 바라만 본다. 높은 건물이나 산이 없으니 지평선을 기준으로 반구가 다 별이다. "나미비아[1]의 Southern Cross(남십자성[2])는 한국의 북극성과 같은 존재래." "진짜 십자가 모양이네." "어, 아까 봤던 그 별 어디 갔지?"
내가 언니에게 말했다. "언니 하늘이 돌고 있어. 별이 자꾸 지평선 너머로 사라져." 언니가 말했다. "큭큭, 하늘이 아니라 지구가 도는 거잖아. 이 순간을 오래도록 잊지 못할 거야."

낯선 땅 아프리카에서 처음 만난 언니는 상냥했다. 영어도 잘하고 늘 방글방글 웃으며 넉넉히 배려할 줄 아는 사람이었다. 함께 여행하는 내내 헤어진 전 남자친구를 그리워했는데, 몇 년 후 그 사람과 재회하여 마침내 결혼했다. 그리고 결혼한 지 1년이 채 되지 않아 갑작스럽게 우리 곁을 떠났다. 그때 언니의 남편이 말했다. 여행을 그렇게 좋아하더니 서둘러 먼저 여행을 떠난 거 같다고. 우리도 여행하듯 인생을 살아가자고.

* Southern Cross는 지구에서 무려 7,500광년이나 떨어져 있다는데 언니는 지금 어디쯤 도달했을까? 밤하늘 아래에서 혜나언니를 그리워하며.

---

1   남아프리카에 있는 공화국이다. 나미비아라는 이름은 나미브 사막에서 유래했으며, 이 사막은 세계에서 가장 오래된 사막으로 간주 된다.
2   남쪽 하늘의 은하수 가운데 위치하며 십자 모양을 이루는 네 개의 별. 북반구에서 북두칠성(北斗七星)의 역할처럼 남반구에서 하늘의 남쪽을 알려주는 별자리이다.

할머니가 사랑하는 방식

어렸을 때 우리 할머니는 뭐든 다 해내는 태산 같은 어른이었다. 음식도 뚝딱 잘하고, 무거운 짐도 잘 들고, 어느 마트의 물건이 제일 싸고 질이 좋은지 꿰뚫고 있고, 동네 어디를 가든 모두가 알아보는 팔방미인이었다.

눈치는 또 얼마나 빠른지 우리 부모님이 다툰 날에는 표정만 보고도 귀신같이 알아차리고는 며느리인 엄마 편에 서서 아들을 나무랐다. 한 번은 할머니가 어린 나를 안고 계단을 내려가다 내가 발버둥을 치는 바람에 같이 계단을 굴렀는데, 털끝 하나 다치지 않은 나와 달리 할머니는 갈비뼈가 부러졌다. 손녀딸 다칠까 봐 언제나 그랬듯이 당신을 희생하신 것이다. 할머니의 사랑은 늘 맹목적이었다.

내 키가 얼마만큼 자랐는지 알 수 있었던 건 할머니 덕분이었다. 내가 그야말로 폭풍처럼 성장하던 초등학생 시절, 할머니를 만날 때마다 왠지 모르게 할머니 키가 점점 작아지는 거 같아서 할머니와 나의 시간이 거꾸로 교차하고 있다고 생각했었다.

나는 어른이 되어가는데 할머니는 점점 아이로 변한다고 생각했던 것 같다. 그게 노화의 한 과정이라는 것을 알아차렸을 때는 태산 같던 할머니 키를 내가 넘어섰던 즈음이었다.

나는 태어나 5살이 될 때까지 할머니, 할아버지 댁에서 온 가족과 함께 살았다. 그래서인지 할머니는 많은 손주 중에서 유독 나와 내 동생을 친애하셨는데, 남들 모르게 우리를 구석으로 슬쩍 데리고 가서 손에 5만 원 혹은 10만 원을 쥐여주시곤 했다.

고모들이 그 모습을 발견하면 "엄마는 걔네만 손주지?"라며 서운함 섞인 원망을 드러내곤 했다. 어렸을 때는 허구한 날 받으니까 그 돈이 얼마나 값진 돈인지 몰랐다. 우리 할머니는 허리가 다 굽고 귀가 먹어서도 하우스에서 미나리를 묶었는데 그 흙과 땀이 묻은 귀한 돈이었다는 것을 너무 늦게 깨달았다.

할머니는 우리 식구가 방문하는 날이면 1시간이고 2시간이고 일찍 버선발로 나와 쭈그리고 앉아 주차 자리를 맡아두셨다. 주차가 힘든 원도심의 좁은 골목길이었는데 그런 할머니 덕분에 주차 어려운 줄을 모르고 다녔다. 나를 보면 "○○이 왔냐~" 하며 반겨주셨는데 그 목소리의 톤이 항상 일정했다. 지금도 눈을 감으면 음성지원이 되는 것만 같이 생생하게 들린다. 할머니 댁에 가면 정말이지 배가 터지도록 밥을 먹었다. 할머니는 잘 먹고 있는데 자꾸 먹으라고 했다. 그러면 어찌나 야속하던지 괜한 반항심에 "먹고 있잖아요."라며 짜증을 내기도 했다.

할머니와 나의 시선은 늘 달랐다. 할머니는 내가 무언가에 집중하고 있으면 그런 나를 애정 어린 눈빛으로 바라보셨다. 시선을 느낀 내가 고개를 돌려 눈이 마주치면 코를 찡긋하며 웃으셨다. 그럼 나는 괜한 민망함에 시선을 돌리곤 했다. 할머니는 나를 가만히 지켜보다 발 시릴까 수면 양말을 신기고, 추울까 촌스러운 꽃무늬 조끼를 입히고, 알록달록 요상한 바지를 입으라고 주시기도 했었다. 더 많이 사랑하는 사람이 지는 거라는데 그땐 바보 같은 할머니의 손길이 성가시게 느껴졌었다.

하지만 이제서야 할머니의 사랑과 따뜻했던 손길을 그리워하는 나를 보면 결국 더 많이 사랑했던 할머니가 완벽한 승자다.

집에 돌아갈 때면 우리 가족 손에는 각기 무거운 짐이 들려있었는데 다 할머니가 챙겨주신 음식과 생필품이었다. 할머니는 내 손에 들려있는 짐을 뺏어 들고는 주차된 차 앞까지 늘 같이 걸어가셨다. 날씨가 추우니 제발 나오시지 말라고 손사래를 쳐도 기어코 뒤에서 몰래 따라 나오는 할머니를 발견하면, 다시 할머니에게 되돌아가 어깨동무를 하고 팔을 비비며 함께 걸었다.

할머니에게는 배웅마저 기쁨이라는 걸 알면서도, 우리가 떠나고 나면 홀로 쓸쓸히 골목길을 걸어 들어가실 모습을 상상하기 싫어서 그냥 편히 집에 계시기를 바랐었다. 우리 차가 출발하고 나면 할머니 항상 눈물을 훔치셨는데 집에 가는 길 내내 마음이 무겁고 불편했다.

집에 돌아와서 할머니가 주신 보따리를 풀어보면 유통기한이 한참 지난 식재료가 많았다. 할머니 주변의 장사하는 사람들이 유통기한이 임박한 식재료를 할머니께 가져다주거나, 출처 모를 곳에서 할머니가 직접 받아온 철 지난 식품들이었다. 눈이 어두운 할머니는 그런 줄도 모르고 우리 식구에게 주겠다고 꼭꼭 숨겨놨다가 우리가 방문할 때면 한 짐 싸서 주셨던 것이다. 어느 날 내가 엄마한테 왜 할머니가 주신 식재료는 다 유통기한이 지났냐고 물었을 때 엄마가 말했다. "이것 또한 할머니가 사랑하는 방식이야."

등이 굽고 귀가 어두워져도 우리 할머니는 정말 총명하셨다. 기억력도 좋고 눈치도 빨라서 지하철을 네 번이나 갈아타야 하는 두 시간 거리 고모네 집에도 알아서 척척 다니시곤 했다. 귀가 안 들려도 사람들이 웃으면 옆에서 따라 웃으며 어떻게든 대화에 참여하려고 노력하셨다.

그렇게 억척같던 할머니가 약해지기 시작한 건 할아버지가 알츠하이머 판정을 받고 사지를 움직이지 못하게 되셨을 때다. 할아버지가 돌아가시는 순간까지 할머니는 집에서 당신이 직접 돌보시며 늘 곁을 지키셨다. 한 번은 누워있는 할아버지를 화장실에 데리고 가겠다며 그 작은 몸으로 이불을 잡아당겨 화장실 앞까지 할아버지를 옮겨 놓으셨다. 그 모습을 바라보는데 왈칵 눈물이 터지고야 말았다. 그것도 할머니가 사랑하는 방식이었다.

할아버지가 돌아가셨을 때 할머니는 차게 식어버린 남편의 얼굴을 쓰다듬으며 믿기지 않는다는 듯한 오묘한 표정을 지으셨는데, 삼일장 내내 영정 사진 앞에 앉아 울며 곡소리를 내셨다. 그 이후로 할머니는 길을 걷다가도, 요리하다가도, 재밌는 걸 보다가도 곡소리를 습관처럼 내셨다. 그 소리를 듣고 있으면 괜히 나까지 우울해지는 거 같아서 귀를 틀어막기도 했다. 할머니는 아마도 할아버지가 돌아가신 이후 상실감에 휩싸여 하루하루를 보내셨던 게 아닐까 싶다.

그리움이 빚어낸 병이었을까. 할머니는 췌장암 4기 판정을 받으시고 극심한 고통으로 병원에서 먹지도 주무시지도 못하다 결국 돌아가셨다. 돌아가시기 며칠 전, 나는 혼자서 일주일간 할머니 병간호를 했다. 경찰공무원 시험이 얼마 남지 않은 시기였지만 당시 그게 내가 할머니를 위해 할 수 있는 최선이었기에, 아파하는 할머니 옆에서 수험서를 피고 꾸역꾸역 공부했다.

할머니는 그런 나를 말없이 바라보다 밥 먹을 시간이 되면 본인에게 어울리지도 않는 분홍색 핸드백에서 5만 원을 꺼내, 가서 밥 먹고 오라며 손에 쥐어 주셨다.
구깃구깃하고 습한 지폐를 쥐고 식당에 가서 밥을 사 먹을 때마다 형언할 수 없는 묘한 죄책감, 비슷한 감정을 느꼈던 것 같다.

할머니는 속옷에 오염물이 묻으면 병실 화장실 문을 굳게 잠그고 당신의 손으로 직접 빨래를 하셨다. 할머니의 침대 머리

맡에는 늘 젖은 속옷과 수건이 한 장씩 걸려 있었다. "힘도 없으면서." 내가 하겠다고 달라고 했지만, 할머니는 늘 손사래 치며 너는 이런 거 하지 말라며 결코 빨래물을 주신 적이 없다. 그때는 할머니가 '그 정도는 하실 만한가 보다'라고 생각했는데, 그로부터 며칠 안 지나 할머니는 코앞의 화장실조차 가지 못할 정도로 쇠약해지셨다.

암 덩어리가 할머니를 아프게 할 때마다 할머니는 눈을 감고 얼굴의 모든 주름을 찌푸린 채 배를 움켜쥐며 말씀하셨다.

"아파 죽겠는디 왜 죽어지지도 않느냐구."

아마 할머니가 병원에서 가장 많이 했던 말이었다. 가장 불행하게 죽는 것 같다고. 차라리 창문 밖으로 뛰어내리는 게 더 낫겠다고. 그럴 때마다 덜컥 겁이 났던 나는 "할머니 많이 아파?"라며 굳이 말을 걸었는데, 나 혼자 옆을 지킬 때 할머니가 돌아가실까 봐 내심 겁이 났던 것 같다. 할머니는 텅 빈 눈으로 나를 바라보며 "아파."라고 말씀하셨다. 그리고는 힘겹게 다시 웃어 보이셨다. 주름 사이에 피어나는 웃음을 보며 나는 안심했다.

그러나 나는 결국 할머니의 임종을 지키지 못했다. 간병 순서가 고모로 바뀌고 코로나로 인해 거리두기 정책이 가장 극심해서 단 한 명밖에 옆을 지킬 수 없을 때였다. 할머니의 임종 소식을 들었을 때 나를 감싸고 있는 커다란 세상 하나가 없어진 듯한 공허감에 휩싸였다.

조건 없는 맹목적인 사랑으로 나의 든든한 울타리가 되어주셨던 우리 할머니. 나를 숨 쉬게 하는 공기와도 같은 사람이라는 것을 돌아가시고 나서야 깨닫고 말았다.

할머니는 살아생전에 늘 하고 다녔던 팔찌를 내게 남기셨다. 내 손목에는 턱없이 작은 사이즈라서 착용할 수 없지만, 이 사랑을 잘 간직했다가 나중에 내 아이에게 꼭 전달해주고 싶다. 할머니가 살아계셨다면 분명히 내 아이에게도 흘러갔을 내리사랑이라고 생각하기 때문이다. 그리고 할머니께 받은 과분한 사랑을 언제 어디서든, 어떤 방식으로든 베풀 줄 아는 사람이고 싶다.

파김치 하나면 자다가도 벌떡 일어나는 나를 위해 시장 한 구석에 앉아 쪽파를 까다가 파김치를 담아 주셨던 쭈글쭈글한 할머니의 손길과 음성이 참으로 그립다.

어느 김집사

자녀를 키운다는 것은 나를 채워가는듯하다. 매일 감정이 다르고 매일 아프고 매일 성장하는듯하다. 자녀를 통해 나를 들여다볼 수 있음에 감사하다. 이 글을 쓰면서 아들을 지극히 사랑했던 내 마음을 떠올릴 수 있어서 행복했다.

널 만난 세상 더는 소원 없어

"우당탕탕" 순식간에 2층 계단에서 굴러떨어졌다. 별이 보인다는 게 무슨 뜻인지 그때 처음 알았다. 임신 7개월, 출근하려고 계단을 내려가던 중 임신복 치마 뒷자락이 그만 계단에 걸려 구르고 만 것이다. 떨어진 순간 별이 보였고 허리가 아파서 움직일 수가 없었다.

순간 '아, 이러다가 죽을 수도 있겠구나' 싶었다. 세상이 멈춰버린 것만 같았다. 그러다 5분가량 시간이 흘렀을 무렵 조금씩 정신이 돌아왔다. 조심히 앉아보려는데 도저히 앉을 수가 없어서 기어가는 자세로 몸을 일으키려고 부단히 애썼다. 그러나 발목에 힘이 들어가지 않았다. 건조대까지 그대로 기어가서 빨랫줄에 걸려있던 끈 같은 것을 발목에 동여맨 채 그대로 출근했다.

넘어진 게 문제였을까? 아니면 넘어졌는데도 불구하고 꾸역꾸역 출근한 것이 문제였을까? 일하는 도중 하혈을 했다. 놀란 나머지 황급히 상사에게 보고하고 회사를 빠져나왔다.

퉁퉁 부어오르는 다리를 절뚝거리면서 산부인과를 향했다. 나를 보자마자 의사 선생님은 산모가 참 겁도 없다면서 왜 이제야 병원에 왔냐며 혼을 내셨다. 꼬리뼈를 다쳐서 누워지내야 한다고 했다. 임신 7개월이라 똑바로 누울 수도 없는데 하필이면 다쳐도 꼬리뼈를 다치다니! 발목도 3주 진단이 나왔다.

그때부터 하혈은 계속됐다. 입원에 입원을 거듭해야 했다. 고난은 거기서 멈추지 않았다. 임신하고부터 잔기침도 심해졌다. 하루는 기침 도중 각혈을 했다. 엎친 데 덮친 격으로 폐결핵 진단까지 받았다.

"저 임신 중인데 어떡하죠??"

다행히 결핵약은 임신부가 먹어도 괜찮다고 하셨다. 하루에 12개가 넘는 알약을 먹다 보니 너무나 힘겹고 고통스러웠다. 그렇게 결핵은 임신 기간 내내 나와 함께 했다. 정말 수난이 따로 없을 정도였다.

그때의 내 기도는 오직 하나, 건강한 아이를 출산할 수 있게 해주셨으면, 손과 발이 멀쩡한 아이를 낳게 해주셨으면, 그뿐이었다. 다른 것은 결코 바라지 않았다.

하루는 뱃속에 있는 아이의 얼굴이 너무나 보고 싶어서 간절히 기도했다. '하나님 아기 얼굴을 보여주세요' 간절함이 하나님께 닿은 것일까? 꿈에서 아이가 맨몸으로 뒤돌아 앉아있었다.

내가 하늘아(아이의 태명) 부르니 앉아있는 자세 그대로 고개를 뒤로 돌려서 나를 바라보는 것이다. 방긋 웃는 미소가 너무도 예뻤다. 그런데 신기하게도 그 미소가 큰 아이 백일 때의 미소다. 꿈을 통해 아이의 미소를 본 것이다. 그 환하고 순수한 백만불짜리 미소를. 그때부터 나에겐 강한 믿음이 생겼다. 세상에서 가장 환한 미소를 가진 건강한 아이를 출산할 것이라는 믿음.

아이는 뱃속에서 거의 잠만 잤다. 어떠한 미동도 없었다. 그런데 신기하게도 우리 부부가 결혼할 때 주례를 봐주셨던 높은뜻 숭의 교회의 담임목사님이셨던 김동호 목사님의 설교 시간에는 태동을 시작했다. 그때의 설렘과 떨림은 가슴 한 켠에 따뜻한 기억으로 남아있다. 아이를 출산하기 직전에 목사님의 기도는 힘과 위로가 되었고, 기도를 받은 그때도 나는 기적같은 태동을 느꼈다. 다시 생각해도 참으로 감사한 일이다.

부주의한 엄마로 인해 뱃속에서 힘들어했을 아이를 생각하면 가슴이 아팠다. 그래서 더욱이 반드시 자연 분만을 하고 싶었다. 매주 남편과 함께 출산 관련 프로그램을 꼬박꼬박 참여했고 아이를 위해서 매일 책을 보고 클래식을 들었다. 한번은 남편과 함께 김동규 님의 콘서트를 갔는데 그때 들었던 음악이 너무 좋아서 매일 밤 그 노래를 들으며 흥얼거리기도 했다.

아이를 품고 있던 막달은 하얀 눈이 펑펑 내리던 겨울이었다. 당시 오르막에 얼어붙은 숭의교회까지 차로 어떻게 오를 수 있을까 고민하면서 올라갔던 기억이 생생하다. 지금 생각하면 그 모든 게 하나님의 은혜였다. 강한 이끌어주심과 목사님의 기도와 그 기도에 반응하며 '엄마 나 잘 있어요'라고 끊임없이 신호를 보내주던 아이 덕분에 그 힘겨운 시간을 극복하고 손과 발이 멀쩡한, 건강한 아이를 출산했다.

돌이켜보면, 모든 순간이 축복이자 기적이다. 김동규 님의 노랫말처럼 아이를 만난 세상은 더는 바랄 게 없는 사랑 가득한 세상이다.

♪ 매일 너를 보고 너의 손을 잡고 내 곁에 있는 너를 확인해 창밖에 앉은 바람 한점에도 사랑은 가득한 걸 널 만난 세상 더는 소원 없어 ♪

<10월의 어느 멋진 날 중에서>

아들, 너는 사랑받기 위해 태어났단다

분만대기실에 누워서 아이의 맥박수를 쟀다. 그런데 갑자기 간호사가 내 얼굴에 산소호흡기를 가져다대는 것이 아닌가!

"아이의 맥박이 뛰질 않습니다. 산모를 빨리 수술실로 옮겨 주세요. 보호자 분 어디 있습니까? 보호자 안 계세요?"

내 눈은 갈피를 잡지 못하고 두려움 가득한 채로 사방을 살폈지만 남편은 그 어디에도 보이지 않았다. 촌각을 다투는 상황이라 판단했던 의사 선생님은 2분 만에 수술을 결정하셨고, 곧장 마취제를 놓는다고 말씀하셨다. 알겠다는 대답도 하기 전에 내 의식은 마취와 함께 점점 사라져갔다.

얼마가 지났을 무렵, 눈 뜨자마자 간호사가 내게 건넨 한마디는 "죄송합니다. 아이가 죽었습니다"

뭐라고요?? 온몸이 땀으로 범벅이 된 채로 몸서리치며 잠에서 깨어났다. 시간을 보니 새벽4시30분이었다. 유도 분만을 하는 날, 하필 이런 불길한 꿈을 꾸다니! 남편과 함께 엉엉 울면서 우리 아기를 지켜주시길 간절히 기도했다. 병원 예약 시간이 가까워지자 불안감이 온몸에 감돌았다.

내가 살았던 곳은 신촌 부근의 홍대 후문 쪽이다. 출산할 병원은 일산 그레이스병원인데 집에서 차로 50분 정도 걸린다. 남편과 함께 병원에 도착해서 이것저것 검사를 했다. 오늘은 유도분만을 해야 해서 시간이 12시간 넘게 소요될 것 같다고 한다. 남편은 내가 임신기간 동안 즐겨듣던 김동규 님의 CD를 챙겨오지 않아서 집에 가서 이것저것 물건들을 챙겨서 온다며 병원을 떠났다. 그때 시간이 8시 15분이었다.

나는 관장을 하고 분만 대기실에서 누워서 아기의 태동을 살피는 맥박을 재고 있었다. 5분쯤 지나서 간호사가 급히 내게 산소호흡기를 끼웠다.

"왜 그러세요?"
"아이의 맥박이 점점 느려지고 있어요"

급히 담당 의사 선생님께 전화를 건다 "선생님 지금 바로 내려오셔야 할 것 같습니다" 2분도 채 지나지 않아서 담당 선생님이 내려오자마자 보호자를 찾았다. 하지만 남편에게 전화해도 묵묵부답이었다. 거듭 전화를 걸었지만 받지 않는 건 매한가지였다. 선생님은 위급한 상황이라 곧장 수술실로 나를 옮겼다.

불과 몇 시간 전에 꿨던 악몽같은 시간이 현실에서 재현되나싶어 너무나 두려웠다. '아, 우리 아이가 죽는 꿈을 꿨는데 어쩌면 하나도 틀리지 않고 현실에서 그대로 이루어질 수 있단 말인가!' 너무도 두렵고 떨려서 눈물이 쏟아졌다. 하필 이렇게 무섭고 떨릴 때 남편은 곁에 없는 거야! 선생님은 너무 위급한 상황이라며 마취를 시작했고 나는 울면서 그대로 잠이 들었다.

배가 너무도 묵직하고 아픈 가운데 눈을 떴다 내가 있는 이 곳이 어딜까 싶었다. 그러다가 '아 내가 수술실에 들어왔지' 라는 생각이 들어서 몸을 이리저리 움직이려고 애썼는데 전혀 움직여지질 않았다. 눈을 떠서 이리저리 주위를 살폈다. 그때 옆으로 지나가던 간호사가 내 곁으로 오더니 내 의식을 물었고, 대답을 하려고 안간힘을 썼지만 마취가 풀리지 않은 탓에 입술이 떨어지질 않았다.

간호사는 내 손을 꼭 잡으며, "이쁜 아들 낳았어요. 건강하니까 걱정하지 마셔요"라고 말했다. 어떻게든 대답하고픈 마음에 두 손을 들어서 움직임을 보여주었다. 간호사는 내 마음을 눈치챘는지 애정 가득한 눈빛으로 나를 바라보며 말했다.

"산모님 아이 손가락 발가락 다 정상입니다. 걱정 마세요"

아이를 품고 있는 내내 너무나 듣고 싶었던 한마디였다. 눈가에 눈물이 흐르면서 나도 모르게 깊은 수면에 빠져들었다. 한참을 지나 누군가 내 발을 주무르면서 흐느끼고 있었다. 누굴까? 한참을 멍하니 있다가 눈을 깜빡거리고 손가락을 움직이자 내 옆으로 다가온 사람, 바로 남편이었다.

얼마나 울었던지 남편의 얼굴이 말이 아니었다. 출산한 내 얼굴보다 더 푸석했다. 내가 마취에서 좀처럼 깨어나지 못해서 계속 나를 주무르면서 울었던 모양이다. 남편은 내가 영영 깨어나질 못할까 봐 두려웠다고 한다. 새벽에 그런 꿈까지 꾸었으니 남편도 얼마나 두려웠을까!

　더욱이 자신이 잠깐 집에 간 사이에 벌어진 일이라 자책하고 있었다. 우리는 두 손 잡고서 한참을 울었다. 몇 시간이 지나서 남편에게 "남편 우리 아가 딸이래!"라고 말하자 남편은 "아, 그래!! 딸이어도 좋지! 딸이면 어때! 아들딸 가리지 말고 잘 키우면 되지"라고 답했다. 임신기간 동안 아들이길 바라며, 목욕탕도 함께 갈 것이라 여러 번 말했던 남편이었기에 살짝 놀려주고 싶었다. 지금과 달리 당시엔 임신 기간에 성별을 알려주지 않았다. 그래서일까, 내색을 안하려 노력하는 것 같았지만 조금 실망하는 눈치였다. 내가 피식 웃으며 우리하늘이 아들이래 하니 갑자기 만세를 부른다.

　　　"그렇게 좋아?"
　　　"응 아들이어서 너무 좋아!"

　출산 후 하루가 지나자 겨우 걸을 수 있었다. 아니, 아들을 보기 위해서라도 반드시 걸어야만 했다. 급히 수술실에 들어가다 보니 생각보다 절개 부위가 크다고 했다. 아들이 살았는데 이까짓 절개 부위가 대수냐 싶었다. (퇴원하고 나서야 상처 부위가 커도 너무나 크다는 것을 알고 충격 아닌 충격을 받았던 웃픈 기억이, 그리고 지금도 비가 오면 상처 부위가 가렵다)

남편의 손을 잡고 조심조심 걸어서 아들을 보러 갔다. 유리창 너머로 아이의 얼굴을 보는 순간 그 자리에 주저앉고 말았다. 정말이지 까만 털로 쌓인 아들을 보는데 저 아이는 분명 내 아이가 아니다. 꿈에서 하나님이 보여주신 그 아들은 너무도 사랑스러운 아가였는데, 어째 내 눈앞에 있는 아가는 원숭이 형상을 하고 있었다. 다시 한번 주저앉아 펑펑 울었다. 남편은 너무 예쁜 아들과의 첫 만남이라면서 한껏 들떠했다.

2.3kg 작게 낳은 아이라 그런지 살이 없어도 너무 없었다. 20일이 지나자 얼굴에 있는 털들이 사라지기 시작하더니 얼굴이 뽀얗게 예뻐졌다. 날이 갈수록 점점 더 예뻐지더니 백일이 되자 꿈속에서 봤던 그 얼굴로 변했다. 시간이 지나서 남편에게 아이와 처음 만났을 때 진짜 예뻤냐고 물어보니 아니라고 한다. 그런데 왜 예쁘다고 했냐고 하니, 자기까지 예쁘지 않다고 하면 내가 잘못될 것 같아서 그랬다고 말한다. 참 속이 깊어도 너무 깊은 남편이다.

이렇게 우리 부부는 우여곡절 끝에 첫아이를 무사히 출산하게 되었다. 이날 꿈을 꾸게 하신 것도 하나님, 내가 일찍 일어나서 병원에 서둘러서 오게 하신 것도 하나님, 하나님의 인도하심으로 아들을 무사히 출산할 수 있었다. 그리고, 아들에게 늘 건네는 사랑의 한마디

아들아 너는 사랑받기 위해 태어났단다.

줄탁동시 학습법
우리가 함께 한 모든 시간이 무늬처럼 새겨지길 바라며

큰아이는 돌이 지났지만 다른 아이들에 비해 침을 많이 흘렸다. 그뿐만 아니라 16개월이 되었지만 잘 걷지도 못했다. 발육이 늦어서인지 말도 어눌했다. 이 모든 것이 나 때문인 것 같았다. 임신 초기 결핵을 앓고 임신기간 내내 10개 이상의 알약을 먹으면서도 아이를 지키고 싶었는데 그런 환경 때문이었을까?

큰 아이는 겨우 2.3kg의 작은 몸으로 세상과 마주해야 했다. 시련은 여기서 끝나지 않았다. 7살이 될 때까지 입 퇴원을 수시로 반복해야만 했다. 우리의 시작은 그리 녹록지 않았다.

너무 힘들게 입원 생활을 이어가던 중에 뜻하지 않은 에피소드가 생겼다. 병문안 온 이모가 손에 들려준 공룡 인형이 2개, 티라노사우르스와 알로사우루스가 그것이다. 태어나서 처음으로 공룡을 접한 아들은 그때부터 그 공룡 2마리를 손에서 내려놓지를 않았다 공룡에 빠진 아이는 그때부터 공룡과 관련한 책이라면 모조리 읽어달라고 했고, 급기야 그림까지 그려달라고 조르기 시작했다.

* **줄탁동시(啐啄同時)** 병아리가 알에서 깨어나기 위해서는 어미 닭이 밖에서 쪼고 병아리가 안에서 쪼며 서로 도와야 일이 순조롭게 완성됨을 의미함. 즉, 생명이라는 가치는 내부적 역량과 외부적 환경이 적절히 조화돼 창조되는 것

어느 김집사

그때부터였다.

　공룡과 관련한 책과 피규어가 있는 곳이라면 어디든지 찾아갔다. 그렇게 시작된 공룡 사랑은 시간이 지나며 퍼즐로 옮겨갔다. 퍼즐 조각이 닳아서 찢어질 때까지 맞추고 또 맞췄다. 한번은 내가 퇴근할 때까지 기다리는 게 힘들었던지 공룡 이름을 통째로 외우더니 아예 공룡 이름으로 글자를 읽고 쓰기 시작했다.

　그러면서 자연스레 책에 관심을 가지게 되었다. 더 많은 책을 보여주고 싶었지만 우리 형편에 모든 책을 정가를 주고 사줄 순 없었다. 그때부터 주말이면 동대문 헌책방을 문지방이 닳도록 책을 사 모으기 시작했다. 내가 가장 좋아하던 텔레비전과도 이별을 했다. (당시 나는 유재석과 강호동이 진행하던 엑스맨의 애청자였는데 ㅠㅠ)

　텔레비전이 사라진 빈 공간은 책으로 가득 채워지기 시작했다. 아이가 읽는 책을 공유하고 싶은 마음에 나도 책을 함께 읽었다. 우리는 밤을 새워가며 읽고 또 읽어 나갔다. 아들이 초등학교 2학년이 될 무렵, 나는 둘째를 임신했다. 아들이 해리포터를 읽고 싶다고 해서 책을 주문했는데 시리즈물로 총 23권이었다. 우리 가족은 셋이서 가위바위보로 순서를 정했다. 순서는 내가 1번, 아들이 2번, 남편이 마지막 순이었다. 내가 1권을 읽고 나면 아들이 1권을 읽게 되었고 그렇게 우리는 23권을 읽는 내내 책의 내용을 함께 나누며 즐거운 시간을 보냈다. 그렇게 책 속의 내용을 함께 나누면서 아이와 함께하는 시간도 점점 늘어났다.

아이와 함께하는 독서는 초등학교 때까지 이어졌다. 방학 때면 국립도서관 사서의 추천 도서와 학교에서 권장하는 도서들을 함께 읽어나갔다. 학교에서 매년 60권으로 독서 골든벨을 진행했는데 매해 우리는 모든 책을 함께 읽고 토론을 했다. 당연히 독서 골든벨에서 좋은 점수를 받았다. 책은 초등학교를 졸업할 때까지 우리를 연결하는 고리가 돼주었다.

모든 것을 함께 하는 엄마가 좋았던 것일까? 아이는 나와 대화하며 많은 것을 나누었다. 지금도 부대에서 휴가 나오면 우리는 앉아서 1시간 이상 대화를 나눈다. 그 어떤 대화 내용도 막힘이 없다. 아들과의 대화는 언제나 즐겁고 행복하다.

흔히들 아이들에게 '공부해라, 책 읽어라' 라는 잔소리를 늘 어놓지만 정작 엄마들은 책을 읽지 않는 경우가 대부분이다. 요즘 도서관에 가면 젊은 엄마들이 아이들과 함께 책 읽는 풍경이 자주 눈에 들어온다. 그러면 자연스레 미소가 지어진다. 눈에 넣어도 안 아플 아이들에게 해주고 싶은 말은 너무도 많지만 내게는 백 마디 말보다 한 권의 책이 더 많은 것을 전달할 것이란 믿음이 있다.

그리고 그러한 믿음은 아이들 마음에 무늬처럼 새겨질 것이다.

'책은 읽히는 것이 아니라 함께 읽는 것이며 함께
공유하는 것이라고'

아이가 좋아하고 잘하는 것이 무엇인지 알아가기

큰아이가 네 살 때 일이다.

퇴근하고 현관문을 들어섰는데 나를 보자마자 놀란 토끼 눈을 하더니 인사도 하지 않은 채 작은방에 뛰어가 숨는 것이다.

'아, 요녀석이 뭔가 사고를 쳤구나'라고 생각하며 옷을 갈아입기 위해 방문을 연 순간, 천장을 제외한 모든 바닥과 벽면은 물론이고 옷장과 침대에 공룡이 죄다 그려져 있었다. 너무 당황한 탓에 화도 나질 않았다.

'와 어쩜 이럴 수가 있지? 어떻게, 어떻게' 그대로 침대에 털썩 주저앉았다. 아이는 손이 닿을 수 있는 최대한의 높이까지 올라가 공룡을 그려놨다. 정말 헛웃음밖에 나오질 않았다. 그런데 멍하니 그려놓은 그림들을 하나하나 살피다 보니 아이가 그려놓은 공룡의 크기와 모양이 제각기 달랐다.

아이가 방문을 열고 조심스레 내 표정을 살폈다.
"이리 와. 엄마한테 와"
아이는 울면서 내게 안겼다.
"엄마 얼른 옷 갈아 입고 나올게. 우리 같이 그릴까?"

아이는 울음을 멈추고 나를 올려다본다. 지울 수 있는 정도의 양이라면 지우려고 노력했을 것이다. 하지만 이건 분명 대형 사고다. 더욱이 여긴 우리 집도 아니다. 기왕 이렇게 된 거 그림이나 실컷 그리게 하자.

이미 벽면은 공룡으로 가득차 더이상 그릴 공간이 없었다. 우리는 벽면 위에 다시 하얀 도배지를 다시 입혀주었다. 거기에 공룡을 그리고 또 그렸다. 우리 부부는 2년 동안 그 집에서 공룡 식구들과 함께 산 대가로 이사하며 방과 거실 도배는 물론이고, 방문과 싱크대까지 페인트칠을 해줘야 했다.

그때부터 아들의 공룡 사랑은 점점 깊어졌다. 하루는 빨래를 개려고 늘어놓은 양말을 공룡이 행진하는 것으로 둔갑시키고는 며칠이 지나도 건들지도 못하게 했다. 내셔널지오그래픽과 BBC 공룡 채널 그리고 공룡 백과사전에 나와 있는 공룡 이름도 모조리 외웠다. 공룡의 모습을 그대로 재현하기도 했다 우리는 단 하루도 빠짐없이 밤마다 공룡퀴즈가 이어졌다. 공룡의 이름부터 언제 태어났는지 까지. 공룡들의 이름은 왜 이렇게 어렵고 다들 비슷하게 생겼는지 정말 대략 난감했다. 남편과 나는 밤이면 밤마다 아이가 그려달라는 공룡을 100장을 넘게 그려야 했다. 그땐 정말이지 힘들었다. 아이 맘에 안 들면 마음에 들 때까지 그려야 했으니 말이다.

시간이 지나고 엄마 아빠가 그려준 공룡들이 이제는 유치한지 아들이 직접 그림을 그리기 시작했다. 공룡은 옆면을 그리기는 쉬워도 정면에서 그리기가 정말 어렵다. 아들은 정면을 그것도 너무도 디테일하게 그려나가기 시작했다. 공룡의 손과 발이 마치 살아 움직이는 것 같았다. 어느 날은 공룡의 해부한 면들을 몇날 며칠에 걸쳐 그리기 시작했다.

이런 과정 때문일까? 아이는 과학자의 꿈을 갖게 되었다. 수학과 과학 관련 도서를 읽기 시작했고, 공부에도 욕심을 냈다. 덕분에 아들이 희망하는 과학고에도 무난히 입학했다. 어린 시절의 공룡 사랑은 과학고 1학년 때 빛을 발했다.

과학고는 1학년 때 미국 유명 대학과 박물관 등을 방문하는 해외 탐방이 있는데 그때 영화로 소개된 유명한 자연사 박물관을 가게 된 것이다. 거기서 아이는 자연스럽게 공룡시대에 관련된 전반적인 내용을 친구들에게 소개했다고 한다.

지금은 어릴 적 있었던 공룡 이야기를 하며 미소 짓곤 한다. 아이가 잘하는 것이 무엇인지 파악하고 더 잘 할 수 있도록 발판을 마련해주는 것, 아이가 좋아하는 것을 마음껏 할 수 있도록 길을 열어주는 것이야말로 부모가 아이에게 해줄 수 있는 최선이 아닌가 싶다.

수없이 많은 밤, 수천 마리의 공룡을 그려낸 것처럼

키 작은 건 용서할 수 있지만
웃기지 않은 건 용서할 수 없다.

나는 불우한 어린 시절을 보낸 탓에 매사 진지한 삶을 살려고 노력했다. 좌우명 또한 **'삼사일언'**이었다. 그런 나와 달리 남편의 신조는 **'유머러스한 삶을 살자'**였다. 하나님은 참으로 공평하시지, 큰아이는 내 성향을 닮아서 매사에 진지했고, 작은 아이는 아빠를 닮은 부분이 많았다

어릴 때 잔병치레를 많이 했던 큰아이는 다른 아이들에 비해 키가 작았다. 학교에서 키 순서로 번호를 매기면 영락없이 3번을 넘기지 못했다. 남편은 그런 아들이 신체 조건으로 인해 위축될까 염려가 되었던 것 같다. 하루는 아들을 불러 사뭇 진지하게 말한다.

"아들 비록 키가 작아도 유머러스한 남자는
어디를 가도 인기가 많아"

남편은 우리 가족에게 웃기기 내기를 하자고 제안했다. 뭘 유치한 것을 하냐면서도 못 이긴척 따랐다. 그때부터 우리 집만의 특별한 가족 오디션이 시작됐다. 심사위원은 당연히 나다! 나는 진지한 태도로 소파에 앉아 매의 눈으로 지켜본다.

첫 번째 선수로 남편 입장! 남편은 몸을 아끼지 않고 여러 가지 소품(특히 나의 속옷)을 이용해서 웃음을 준다. 그런 아빠의 리얼한 모습에 모두 배꼽을 부여잡는다.

두 번째 선수는 아들! 거듭된 고민 끝에 방에 들어가더니 비장의 한방을 준비하더니 아빠의 개그를 능가한다. (해를 거듭할수록 진화되는 아들의 개그는 이제 개그맨 수준, 나중에 꼭 손자 손녀에게 얘기해줘야지)

그리고 마지막 선수, 딸! 딸은 고민할 것도 없이 첫 번째 선수였던 아빠의 행동을 99% 따라한다. 존재만으로도 마냥 귀엽고 사랑스러운 딸. 이런 노력 덕분인지 중2 딸은 사춘기이지만 우리 부부에게 가끔 웃음을 선사하곤한다.

아빠는 딸에게 절대 웃지말라고 얘기한다. 이러면서 웃기는 농담을 하니 딸은 시크하게 쳐다보다가도 5초도 못 참고 웃음보가 터진다. 지금 생각해도 참으로 행복한 시간이었다. 주말이면 소파에 앉아 유치하게 유머 대결을 했다. 여전히 우리 넷은 뭉치기만 하면 누가 먼저랄 것도 없이 웃음을 주기 위해 노력한다.

이번에 아들이 휴가를 나와서 함께 강원도 여행을 갔다. 이야기 도중에 딸이 잔나비 최정훈 이야기를 하게 되었는데 아들이 불쑥 동생에게 '너는 잔나비가 아니라 잔나방'이란 말에 우리 넷은 또 숨이 멎도록 웃었다.

키 작은 큰아이가 당당하게 살아갈 수 있도록 시작한 가족 오디션은 아이들에게 소중한 가치를 심어주었다. 누군가를 웃게 만드는 것은 이미 상대방을 내 편으로 만들었다는 것, 나를 온전히 보여줌으로써 타인에게 한 발짝 더 다가갈 수 있다는 것, 그리고 무엇보다 가장 중요한 것은 사람에게 가장 중요한 것은 외면이 아닌 내면이라는 것이 아이들 마음에 깊이 새겨졌다는 것이다.

키 작은 건 용서할 수 있지만 웃기지 않은 건 용서할 수 없다.

아들과의 게임에는 피도 눈물도 없다

　어렸을 때부터 잔병치레가 많았던 아들은 유독 자신감이 없었다. 남들 앞에 나서는 것도, 남들 앞에서 발표하는 것도 두려워했다.

　하지만 장점이 정말 많은 아이였다. 어떻게 하면 그 장점을 살려줄 수 있을지 많이 고민했다. 그러다가 자연스럽게 보드게임을 시작하게 되었다. 남편과 나, 그리고 아들까지 우리 셋은 밤이면 밤마다, 또 시간이 날 때면 언제든지 보드게임에 열을 올렸다. 정말이지 우리 세 사람은 모두 게임에 진심이었다.

　언젠가부터 아들은 게임에 지면 울기 시작했다. 지는 게 억울했던지 눈만 뜨면 다시 하자고 졸랐고, 그렇게 시작하면 잠들 때까지 게임을 해야만 했다. 마음이 여렸던 남편은 일부러 져주곤 했다.

　그와 달리 난 절대로 봐주지 않았다. 아들은 나를 이겨보려고 안간힘을 썼다. 그러다 게임에서 지면 울어도 봐주지 않았다. 지금도 어제 일처럼 또렷이 기억나는 장면 하나가 있다. 바닷가 백사장에서 아들과 달리기 시합을 했는데 난 인정사정 볼 것 없이 죽기 살기로 달렸다. 아들 역시 엄마에게 지기 싫은 마음에 사력을 다했다. 아마도 아들은 당시 '와 우리 엄마 나 좀 봐주지, 뭐 이런 엄마가 다 있어' 라는 생각을 했을 것이다. 미안하지만 승리의 여신은 그날도 내 편이 되어주었다.

나는 사실 초등학교 때 육상선수였다. 담임선생님은 육상을 계속하라고 권유하셨지만 집안 형편이 넉넉지 못해 운동을 계속할 수가 없었다. (참고로 그때 유명했던 육상 선수는 임춘애 선수였다. 메달을 걸고 퍼레이드를 한 임춘애 선수를 직접 본 당사자가 바로 나)

아들은 자신이 이길 때까지 계속 달리자고 했다. 달리기는 딱 2번이야. 그 뒤로도 아들이 4학년이 될 때까지 달리기는 계속 내가 이겼던 것 같다. 시간이 더 지나서 중학생이 된 아들과 달려봤는데 게임이 안된다.

결과는? 단연 아들의 압도적인 승리! 날 닮아서인지 달리기를 매우 잘한다. 초·중·고 내내 계주 선수를 했다.

게임에서 지면 울던 아들은 시간이 지날수록 울음 대신 오기를 부렸고, 그러한 오기는 실력이 되었다. 그리고 게임을 즐기는 아이로 성장해갔다.

게임의 승리를 위해서는 집중과 노력이 필요하다. 너무 쉽게 많은 것을 포기하는 사회에서 필요한 것은 그러한 집중과 노력이 아닌가 싶다. 쉽지 않은 환경 속에서도 쉽게 포기하지 않고 그것을 극복하려고 노력하며, 그 과정을 즐길 줄 아는 아이로 키우고 싶었다.

군에 입대한 아들은 지금도 통화할 때면 군 복무가 즐겁다고 한다. 과연 정말 즐거운 것인지, 아니면 이 시간을 낭비하고 싶지 않기에 최선을 다해 즐기려고 노력하는 것인지는 모를 일이다.

얼마 전에 유격훈련을 이틀 앞두고 손가락 골절을 입었다 난 다행이라는 생각이 들었다. 힘든 유격훈련을 하지 않아도 되니 말이다. 다행히 훈련에 빠졌을 거라고 생각했는데 며칠 후 유격훈련 부시고 왔다는 아들의 문자에 가슴이 철렁했다.
멋지게 임무를 마쳤다는 말에 우리 아들이지만 참 고지식하단 생각이 들었다.

아들은 힘든 순간을 극복하는 방법도, 그리고 그것을 즐겁게 받아들이는 방법도 이미 잘 알고 있는 것 같다. 그런 아들에게 사력을 다해 힘찬 파이팅을 외쳐본다. 아들 파이팅!

야베스의 기도

어려서부터 잔병치레가 많았던 아들은 내 기도에서 빠질 수 없는 존재였다. 그렇게 매일 밤 야베스의 기도를 드렸다.

매일 밤이면 침대에 누운 아들의 손을 잡고 이 기도를 드렸다. 어쩌다 기도를 잊는 날에는 아들이 먼저 "엄마 왜 오늘은 기도 안해줘?"라고 물었다. "어머. 미안. 엄마가 기도해줄게" 그리고 기도와 더불어 자장가를 불러주곤 했다.

먼 옛날, 이 연못에는 예쁜 붕어 두 마리.
다음곡은 꽃과 어린 왕자. 그다음 곡은 당신은 사랑받기 위해 태어난 사람.

이 세곡을 돌아가며 부르고 또 부르고.
그렇게 노래를 일곱 번쯤 부를 때면 깊은 잠에 빠져들었던 아들. 아이를 키우면서 교감이 정말 중요하다는 것을 느꼈다. 아이가 초·중·고·대학교를 입학할 때까지 내 기도는 멈추지 않고 계속되었다. 오히려 지금은 아들이 먼저 내게 이런 문자를 보낸다.

'엄마를 위해 기도할게요'

큰아이와 둘째는 7살 터울이 난다. 둘째도 똑같이 야베스의 기도와 자장가로 잠을 재우곤 했다. 가끔 우리 셋은 '작은 연못'이란 노래로 떼창을 부른다. 참으로 재밌고 정겨운 모습이다.

둘째는 올해 중2가 되었다. 고등학교 입학을 위한 '일천번제 기도'를 드리는 중이다. 3월14일 오늘, 622일째 기도를 드리고 있다. 자녀는 엄마의 기도를 듣고 자란다.

세상에는 너무도 많은 위험이 도사리고 있지만 그 모든 순간을 엄마가 지켜줄 순 없다. 더욱이 내 지혜로는 그 모든 것을 감당할 수 없기에 간절한 마음을 담아 오늘도 기도한다.

우리 손자는 커서 유엔 사무총장이 된다

결혼 2년 차에 큰아이가 태어났다. 직장을 다니고 있던 탓에 시부모님이 우리 부부를 대신해서 아이를 돌봐주셨다. 우리 아버님은 평소 자기 관리에 철저하셨던 분이다.

그 연세에 스케이트 타기 위해 부천에서 과천까지 다니셨고, 가족 모두가 과천으로 가서 아버님의 스케이트를 타는 모습을 보면서 즐거운 시간을 보내기도 했다. 아버님은 외국어 공부도 게을리하지 않으셨다. 영어와 일어를 통역 없이 자유자재로 하셨고, 집에서도 늘 한국 방송 대신 NBC & NHK을 틀어 놓으셨으니 말이다.

큰아이는 시댁의 첫 손자였다. 그래서일까, 아버님은 아이가 말 떼기가 무섭게 말씀하셨다.

"우리 손자는 크면 유엔 사무총장이 될 인물이다."

처음엔 우리는 모두 그저 웃기만 했다. 그러나 아이가 초등학교 때까지 유엔사무총장을 내려놓지 못하셨다. 어쩌다 아이를 혼내기라도 하면 "우리 유엔 사무총장 혼내지 마라"라고 말씀하셨다. 지금도 아버님의 음성이 귓가에 들리는 것 같다.

아버님의 기대와 사랑 덕분에 아이는 기대 이상으로 예의도

발랐고 공부도 잘하는 아이로 자라주었다. 초등학교, 중학교에서 줄곧 반장을 도맡았고, 과학고 입학과 조기졸업을 이뤄냈다. 아이는 안주하지 않고 늘 최선을 다했다.

대학에 입학하자마자 코로나가 터져서 온라인으로 수업을 들어야 했다. 아들은 학점은 물론이고 스스로 영어 동아리를 찾아다니면서 이력을 쌓아갔다. 아들이 입학한 학교가 삼성과의 계약학과였기에 대학 2학년 때 삼성전자 조기 입사를 확정지었다. 입사 면접도 물론 과 수석을 하였기에 첫 번째로 봤다.

현재는 군 복무 중이며, 제대 후에는 편입할 예정이다. 그 후 대학원 진학과 삼성전자 입사까지. 어쩌면 남들보다 빨리 진로를 결정했다고 생각할 수도 있지만 인생이란 언제나 예측할 수 없는 것이 아닌가! 언젠가 아버님의 바람대로 더 큰 꿈을 위해 더 넓은 세상으로 나아간다고 할지도 모를 일이다.

그렇게 손자를 애지중지 여기셨던, 아버님은 11년 전에 돌아가셨다. 잘 자라준 손자의 모습을 보셨다면 누구보다 기뻐하시고 든든해 하셨을텐데.. 아이를 키울 때 이루지 못할 꿈이라 생각하고 시작도 하기 전에 작은 꿈을 꾸게 하는 것이 아니라 마음껏 꿈을 펼칠 수 있도록 응원해주는 것이 중요하다.

아버님이 입버릇처럼 '유엔사무총장'이라고 말씀하신 이유를 이제야 알 것 같다. 지금 이순간, 돌아가신 아버님이 참 그립고 보고싶다.

포켓몬 피규어와 작은 거인

　시작은 공룡 퍼즐이었다. 공룡을 워낙에 좋아했던 아들은 퍼즐에 하나둘 흥미를 갖기 시작했다. 그리고 엄마 아빠와 퍼즐을 빨리 맞추는 내기를 했다. 자신이 엄마 아빠를 이길 때까지 하고 또 한다. 퍼즐 판이 정말이지 너덜너덜해졌다.

　이때부터 자신이 원하는 것을 갖고자 할 때는 반드시 뭔가를 성취할 때만 그것을 사주었다. 엄마 저 이번에 반장선거 나가서 반장 되거든 퍼즐 하나 사주세요! 오케이!! 아들은 홈플러스와 토이저러스에 있는 퍼즐을 하나도 빠짐없이 구입했다.

　초등학교 내내 줄곧 반장을 했고 전교 1등을 계속 유지했다. 좀 크더니 이제는 퍼즐에서 피규어로 자연스럽게 갈아탄다. 엄마 이번에 시험 올백 맞으면 포켓몬 피규어 사주세요! 오케이!! 이렇게 해서 하나 둘 사서 모은 포켓몬 피규어가 꽤나 많은 양이 되었다.

　그러나 절대 공짜가 아니었다. 아들이 혼신의 힘을 다해서 얻어낸 결과였다. 요즘에 포켓몬이 다시 뜨면서 포켓몬 피규어 가격이 엄청 올랐다. 비싼 것은 1개당 몇십만 원이 된다. 지나고 보니 재테크가 따로 없었다. 얼마 전에 이걸 팔자고 했더니 절대 안 판다고 한다. 자식에게 물려준다나 뭐라나.

중학생이 될 무렵에는 올림피아드에서 수상하면 나루터 피규어를 사달라고 했다. 오케이!! 국내에 없는 피규어도 상당했다. 우리는 온라인으로 직거래를 이용했고, 그래도 없는 것들은 일본 여행을 가서 구입했다. 자신이 목표로 한 것들을 이루기 위해 노력하고 그 대가로 과하지 않은 범위 내에서 피규어를 사주었다. 그때 피규어 가격이 개당 5,000~15,000 정도였으니. 아들은 목표를 세우고 그것을 이루기 위해 열심히 공부했다. 초등학교 때와 같이 중학교 때도 내내 반장을 했고 전교 1등으로 졸업을 했다.

어느 날 친구들은 핸드폰이 있는데 자신만 핸드폰이 없다고 한다. 엄마 이번에 제가 올백 맞으면 핸드폰 사주시면 안 돼요? 오케이!! 그것도 사양이 가장 낮은 것으로 사주었다. 갤럭시 A7. 친구들은 갤럭시 노트를 사용했지만 단 한 번도 그걸 사달라고 요구하지 않았다. 그래도 핸드폰이 있음에 아들은 감사했다. 그리고 시험 때가 되면 자진해서 핸드폰을 나에게 반납했다. 그 조건으로 핸드폰을 사주었다. 아들과 난 철저히 서로의 약속을 지키기 위해 노력했다.

반 친구들 중 유일하게 게임을 안 하는 아이가 아들이었다. 하루는 친구들과 게임을 안 하니 대화가 안된다는 아들의 말에 꼭 게임이 아니라 너만의 방법으로 친구가 필요로 할 수 있는 무언가를 찾아보라고 조언해주었다.

아들은 그때부터 친구들에게 공부를 가르쳤다. 한두 명 가르치던 수준이 점점 반 전체에 미치기 시작했다. 학교에 가면 친구들이 자신의 이름을 하루에 300번 이상 부른다는 것이다. 이렇게 아들은 게임을 안 해도 인기남으로 중학교 생활을 마쳤다. 물론 대학생이 돼서도 게임을 하지 않았다.

시험이 끝난 어느 날, 우리는 가족여행을 떠나기로 했다. 시험이 끝나자마자 아이를 픽업해서 가려고 학교 정문으로 갔다. 반 아이들 거의 다 아들을 배웅하기 위해 교문에 나와 있었다. 그 모습을 보는데 뭉클했다. 며칠 동안 얼굴을 못 봐서 서운했던 모양이다.

지금 생각해보면 키도 제일 작고 게임도 안 하는 아들이 이뤄낸 작은 기적이 그저 감사할 따름이다. 아들과 한 약속을 지키려 노력했고 아들 또한 엄마와 한 약속을 지키려고 부단히 애썼다. 나는 아들에게 멋진 엄마이길 원했고, 아들도 엄마에게 멋진 아들이길 바랐다. 그런 우리의 바람이 아들을 작은 거인으로 만들어냈을 지도 모르겠다.

메시형 보러 바르셀로나 가다

    큰아이가 중학교 때 일이다.
    아들은 반에서 유일하게 게임을 안 하던 아이였다. 대신 틈만 나면 친구들과 축구와 농구를 했다. 그런 아들이 밤이 새도록 즐겨보는 것이 있으니 바로 '해외 축구'였다. 한번은 밤을 거의 꼬박 새우고 축구를 봤다.

    "내일 학교는 어떻게 가려고??"
    "오늘은 챔피언스리그가 있는 날이에요"

    아들의 행동을 도무지 이해할 수 없었다. 아들과는 늘 대화를 자주 하는 편인데 축구 얘기만 나오면 말문이 막혔다. 대화를 이어 나갈 수 없었다. 그래서 화가 나면서도 한편으로는 오기가 생겼다. '그래 해외 축구를 한번 내가 파보자'

    그때부터 해외 축구를 보면서 선수 이름과 구단을 외우기 위해 기사를 검색했다. 선수 이름은 왜 그리도 어려운 것인지. 데브라위너는 정말이지 잘 외워지지 않았던 인물이다. 그렇다고 포기할 내가 아니다. 공부를 하고 또 했다. 그리고 아들처럼 밤을 새워 축구를 봤다. 심지어 스포티비 채널을 유료로 구독하기도 했다.

그리고 어느 정도 궤도(?)에 접어들었을 때, 아들에게 당당히 말했다.

"야! 리버풀 살라가 2골 넣었더라!!"

"헉! 엄마가 그걸 어떻게 알아요?
엄마 축구 봤어요?"

"그럼 봤지.(본 정도가 아니라 아주 열심히 공부했지)"

나는 공격적인 축구를 하는 리버풀 경기가 좋다고 했다.(물론 지금은 아니다)사춘기 아들과 대화하기 위해 시작한 해외 축구 시청은 지금도 이어지고 있다. 심지어 지금은 '애정'으로 바뀌었다.

아들은 한때 메시를 형이라 부르며 너무도 좋아했다. 그때 해외 축구에서 메시와 호날두가 양대 산맥을 이룰 때였다. 대학에 입학하면 제일 먼저 하고 싶은 게 무엇이냐고 하니 메시 경기를 직관하는 것이란다. 그것도 소원이라고 한다.

"그래? 그럼 가자!!"

우리는 스페인으로 향했다. 메시 형을 보러!
바르셀로나와 그라나다의 경기를 보기 위해 그라나다 경기장에 갔다. 우리가 왔다는 것을 메시가 알기라도 한 것처럼 우리 앞에서 멋지게 한 골을 넣었다. 아들은 너무도 감격했다. 나 역시 그때의 감동이 생생히 남아있다. 내 생에 메시가 골 넣는 것을 직접 보다니! 하지만 난 메시보다 그리즈만이다. 긴 파마머리를 흩날리며 뛰는 모습을 보면 정말이지 너무 멋지다.

오늘의 감동을 위해 1년 전부터 철저히 준비했다. 비행기 표를 예매하고 바르셀로나 경기 일정이 뜨자마자 동시에 축구 경기를 예매했다. 당시 메시가 전 경기를 뛰고 있을 때여서 가능한 일이었다. (메시 고마워!)

군에 입대한 아들과 통화할 때면 가끔 축구 이야기를 한다.
"엄마 어제 경기 봤어요?"
"그럼 봤지. 요즘 토트넘 왜 그렇게 못하니?"
아들이 친구들에게 엄마가 해외 축구를 나보다 더 자주 본다고 하면 믿지 않는다고 한다. 돌이켜보면 아들이 무엇을 좋아하고, 어떤 대화를 하고 싶은지, 꽂혀있는 것은 무엇인지 살피고 최대한 맞추려 노력했던 것 같다.

그 노력의 결실이 바로 '해외 축구'였다.
그 덕분에 우린 중·고등학교는 물론 지금까지 많은 대화를 이어갈 수 있었다.
오늘은 아들이 톡을 보냈다.
'엄마 어제 주말에 쉬면서 노팅힐을 봤는데 가슴이 너무도 따뜻했어요'

아들에게 나도 답톡을 보냈다.

'우리 아들이 따뜻하게 본 영화라면 엄마도 이번 주말에 노팅힐 본지 오래되었으니 한번 볼게. 우리 아들이 따뜻하게 느꼈다면 엄마도 똑같이 느끼고 싶으니 말이야. 아들 힘내'

내겐 너의 카톡이 노팅힐보다
더 따뜻하다는 거 아들, 너는 아니?

엄마, 나 그런 아들 아니에요!

아들이 다섯 살 때의 일이다.

그때는 내가 일을 하고 있을 때여서 퇴근하고 집에 오면 몸이 너무도 피곤했다. 저녁을 먹이고 나면 늘 아들의 가방 점검을 했다. 오늘 어린이집 선생님이 뭐라 적어 놓으셨는지 매일 확인하는 작업이다. 가방 앞쪽 지퍼를 열었는데 우리 아이 것이 아닌 색연필 세트가 들어있다.

난 아들을 불렀다. 이게 왜 여기에 들어가 있니 ?? 아들은 당황해서 말을 못 한다. 난 그때 확신했다. 우리 아들이 이걸 어린이집에서 훔쳐 왔다고 생각했다.

종아리 걷고 회초리 가져와라, 몇 대 맞을래?? 묻는다. 10대요. 나는 대답하지 않는다. 20대요. 그래 20대 맞자. 아이는 울먹이며 뒤돌아섰다. 20대가 넘게 때렸던 것 같다. 아이는 울면서 계속 잘못했다고 했다.

난 강하게 말했다. 바늘 도둑이 왜 소도둑이 되는지를. 엄마는 너의 모든 걸 용서해도 도둑질하는 것은 절대로 용서를 못 한다. 네가 가져온 거 낼 어린이집에 엄마가 잘못했다고 전화할 거야. 아들은 알겠다고 대답했다. 아들은 이를 악물고 맞고서

울면서 잠이 들었다. 난 잠이 든 아들의 종아리에 연고를 바르며 얼마나 또 울었는지 모른다.

어디서 잘못된 걸까? 내가 아이를 잘못 키운 걸까? 별의별 생각이 다 드는 밤이었다. 한편으로는 퉁퉁 부은 다리를 보며 얼마나 아팠을까? 가슴이 메어왔다. 퇴근한 남편은 나에게 화를 낸다. 적당히 해야지 아이를 이렇게까지 때리니? 하지만 지금 때려서 고쳐놓지 않으면 절대 안 될 것 같았다.

다음날 회사에서 어린이집 원장님에게 전화를 걸었다.

"원장님, 죄송한데요. 어제 저희 아들이 색연필을 몰래 어린이집에서 가져온 것 같아요. 제가 아이는 혼을 내서 보냈습니다. 다시는 그런 행동하지 않을 겁니다"

그때 원장님의 다급한 목소리.

"어머니 혹시 아이 때리셨어요?"

"네, 종아리를 때렸습니다."

"아, 그래서 오늘 아이가 절뚝거리면서 걸었군요. 이를 어째요. 그 색연필 어린이집 것 맞는데요, 아이가 공룡 그림을 너무 잘 그려서 선생님이 선물로 가방에 넣어주셨는데 그걸 잊어버리고 어머니에게 말씀을 안 드렸나 봅니다."

헉!!!!그 순간, 얼마나 울었는지 모른다. 이 글을 쓰는 지금도 그날을 떠올리면 너무도 미안한 마음에 눈물이 난다. 우리 아들도 매를 맞으면서도 왜 그 색연필이 자기 가방에 들어있는지를 이유조차 몰랐던 것이었다.

자초지종을 정확히 알지 못하고 아들을 믿지 못한 내가 너무도 바보 같았고 화가 났다. 원장님께 고맙다는 인사를 전하고 황급히 전화를 끊고 또 얼마나 울었는지 모른다. 퇴근하고 집에 가는 발걸음이 너무도 무거웠다 아들에게 어떻게 얘기를 꺼내야할까.

아들은 어제 엄마한테 그리 맞았는데도 뭐가 그리 좋은지 엄마 크게 부르며 뛰어온다. 나는 아들을 부둥켜안고 엉엉 울었다. 그리고 진심을 다해 사과했다. 아들 역시 원장님에게 이야기를 전해 들었다면서 "엄마 나 그런 아들 아니야"라고 말했다.

헤프닝으로 끝난 이야기지만 아들은 그때의 일을 아직도 또렷이 기억한다. 그때 엄마가 너무 무서웠다고, 남의 물건에 욕심내면 안 되겠다고 생각했다고 한다. 지금은 반듯하게 잘 자란 아들을 보면 감사할 따름이다.

아들아, 선생님 그림자도 밟지 말아라

아주 오래전 아침 묵상을 하다가 읽은 글이다. 어느 장관 집에 아들이 하나가 있었는데 그 아들은 아빠가 장관이어서 학교에서나 일상생활에서 늘 막무가내였다. 누구의 말도 듣지 않았고 자신이 곧 장관 인양 굴었다. 선생님의 말도 무시하기 일쑤였다.

고민하던 선생님은 학부모인 아버지에게 이 사실을 알렸다. 아버지는 며칠을 고민하더니 선생님께 자신의 집에 한번만 방문해 줄 것을 요청했다. 선생님이 현관에서 벨을 누르셨다.

마침 식사를 하고 있었던 가족들은 벨소리에 일제히 자리에서 일어났다. 장관인 아버지는 갑자기 마당으로 나가 현관에서 들어오고 계시는 선생님을 향해 90도로 인사를 하는 것이다. 이 모습을 보는 아들은 너무도 놀라워했다.

선생님이 당황스러워 하자 아버지는 제 자식의 스승은 곧 저에게도 스승님이나 같다며 선생님을 예의바르게 집안으로 인도하였다. 이 모습을 본 아들은 크게 뉘우쳤으며 선생님께 예의바르게 대함은 물론이었다.

이글을 읽으면서 내가 자식을 낳으면 선생님을 존경할 수 있는 자녀로 키워야겠다고 생각했다. 아들이 학교 가기 위해 신발을 신을 때면 늘 하는 이야기가 있다. 오늘도 선생님께 예의 바르게 해야 한다, 선생님들께 인사를 잘해야 한다, 지금 생각해보면 큰 아이에겐 지나칠 정도로 예의에 엄격했던 것 같다.

덕분에 학부모 상담 때마다 선생님들께 듣는 얘기가 있었다.
 "어머니는 좋으시겠어요! 원재와 같은 아들을 두셔서요.
 어떻게 하면 저희 아이도 그렇게 키울수 있을까요?"

이런 얘기를 들을 때면 참 감사했다. 큰아이에 이어 둘째도 선생님의 말은 곧 법이다. 큰애가 중학교 때 중간고사를 마치고 집에 돌아왔는데 기분이 영 좋지 않아 보여서 물어보니, 영어시험을 봤는데 서술형이 2점 정도가 나갔다는 것이다. 영어에 있어서는 누구보다 자신이 있던 아들이었기에 영어가 틀려서 너무도 자존심이 상한다고 했다. 그것만 아니면 전과목 올백인데 너무나 안타깝다고 했다. 영어 선생님께 한번 찾아가서 말씀드려보라고 하니 아들은 단호히 말했다. "선생님이 채점을 하셨으면 그걸로 끝이지, 그걸 우겨서 맞은 것처럼 보이고 싶지 않아요"

참 이렇게 되라고 키운 아들인데 어쩜 상황마다 적절히 적용하는지 이럴땐 좀 나서서 융통성을 발휘해주었으면 하는데 그것 또한 나의 욕심이겠지. 다른 친구들은 시험이 끝나고 교무실을 들락거리면서 조금이라도 점수를 더 얻기 위해 노력하지만 아들은 절대 그러는 법이 없었다. 선생님을 존중해도 너무 존중한다. 이런 고지식한 아들은 자신만의 정직한 방식으로 당당히 1등으로 졸업했다. 어찌 보면 아들의 고지식함은 선생님에 대한 무한한 존중이자 예의, 자신에 대한 신뢰였을 것이다.

 교권이 바닥에 바닥을 치는 요즘, 선생님을 향해 무한 신뢰를 보였던 아들의 마음이 그 어느 때보다 귀하게 느껴진다.

큰아이와 둘째 아이와의 첫 만남

　　큰아이를 출산하고 나서 둘째 아이를 가지기까지 네 번의 유산을 겪었다. 태반이 남들보다 작아서 출산까지가 쉽지 않다는 것이다. 수술을 할때면 그 사실이 너무도 가슴아팠다. 뱃속의 아기와 내가 분리될 때의 순간은 경험해본 사람이 아니면 알 수 없을 것이다. 탯줄로 연결이 됐지만 엄마는 안다. 아이가 견디지 못하고 떨어질 때 그 순간을, 참혹한 아픔이다.

　　네 번의 유산을 겪고 나서 한동안 아이가 들어서지를 않았다. 내 체중도 너무 조금 나가서 임신이 더는 힘들 것 같았다. 남편과 나는 고민하다가 둘째를 입양하기로 하였다. 살아보니 아들 혼자서는 이 세상을 살아가는 게 너무 외로울 듯했다. 남편과 함께 기도하면서 홀트 아동복지를 알아보았다. 입양도 쉽지는 않다 이래저래 요구사항도 많았다. 몇 번의 통화를 했고 재단에 방문하려던 참에 귀한 둘째가 생겼다. 다행히도 이번에는 우리와 인연이 닿으려고 했는지 둘째는 무사히 출산했다.

　　큰아이가 7살 때 둘째를 출산했다. 작아도 너무 작은, 2.3kg의 작은 공주님이었다. 우는 소리가 너무도 작아서 병원에서는 엄지 공주님이라고 불렀다.

　　큰아이는 시댁에서는 제일 먼저 태어난 아들이었고 친정에서는 가장 막둥이였기에 너무도 사랑을 받고 자랐다. 그래서 우리 부부는 '혹시나 아들이 너무도 사랑을 받고 자랐는데 둘째가 생기면서 상대적 박탈감이 생기면 어떡하지' 걱정했다. 많은 책을 찾아보며, 둘째가 태어난 날 어떻게 하면 큰아이와 둘째 아이를 잘 만나게 해줄 수 있을까 고민하고 또 고민했다.

큰아이는 대개 엄마에게 자신이 아닌 다른 동생이 안겨있을 때 그 상처가 굉장히 크다고 한다. 아이에게 그런 상처를 주고 싶지 않았고, 또 그런 상처로 인해 둘째에 대해서 큰아이가 미운 감정을 가지는 걸 원치 않았다. 가장 좋은 방법으로 큰아이와 둘째 아이를 만나게 해주고 싶었다.

고민 끝에 큰아이와 내가 함께 있고 둘째를 내가 아닌 아빠가 안고 와서 큰아이에게 보여주자는 상황을 만들었다. 그렇게 큰아이는 아빠의 품에 안겨있는 둘째를 처음 만났다. 동생을 원했지만 막상 마주하는 동생이 너무 작고 못생겨서인지 주춤하는 웃픈 상황도 연출됐다.

이런 우리의 노력 때문이었을까? 큰아이는 동생에게 젖병도 물리고 기저귀도 갈아주었다. 누구보다 동생을 예뻐해 주었고 지금까지도 이어지고 있다. 얼마 전에 오빠가 화학 올림피아드를 중2때 치뤘다는 것을 안 동생은 자신도 오빠처럼 도전하고 싶다고 말했다. 오빠가 이뤄낸 성과를 자신도 이뤄내고 싶었던 모양이다. 그래서 6개월을 정말 열심히 공부했다.

딸이 가족 톡방에 자신의 성적을 올려주자마자 아들에게서 전화가 왔다. 어제 유격이 끝나서 하루 쉬는데 동생이 성적 올리자마자 놀라서 전화를 했다는 것이다. 동생이 너무 기특하다고, 잘했다고, 칭찬해주고 싶다는 말과 함께.

오빠가 공부한 기록을 보면서 자란 딸이기에 그게 스트레스가 될 법도 한데 그 누구보다 오빠를 좋아하고 잘 따른다. 오빠라는 존재가 때때로 부담이 될 수도 있었을 텐데, 오히려 롤모델이라 자신있게 말하는 딸을 볼 때면 그저 감사할 따름이다.

시작했다면 끝까지 하게 하라

큰아이를 키울 때는 경험이 부족해서 정보에 정말이지 갈급했다. 워킹맘이라 주변에 아는 엄마들이 없었던 터라 어떻게 하면 아이들을 바르게 키울 수 있을지에 대해 끊임없이 책으로 공부하고 실생활에 적용했다. 그 중 뇌리를 강하게 스치고 지나갔던 말!

'무언가를 시작했다면 반드시 끝까지 하게 해서 아이가
성취감을 느껴야 한다'

5살이 된 아들에게 필요한 건 무엇일까, 무엇을 먼저 시작하면 좋을까? 그래. 체력을 길러주자. 그 길로 집 앞 태권도 학원에 등록했다. 첫날이라 긴장한 탓인지 내 손을 꼭 붙잡은 아이는 체육관에 들어서자마자 울기 시작했다. 그런 모습에 당황스러웠지만 관장님은 뒤에서 좀 더 지켜볼 것을 권유하셨다.

첫날 수업이 나쁘지 않았는지 다음날부터는 울지 않고 간다고 했다. 대신 엄마가 꼭 체육관 안에까지 데려다줘야 한다는 조건과 함께.

'아휴 이놈의 자식'

이렇게 보름을 넘게 체육관 안에까지 바래다주고 끝날 무렵이면 데리러 갔다. 그렇게 3개월이 지나자 아이는 "저는 노란띠

이OO입니다. 장래 희망은 경찰관입니다"를 웅변하듯이 외치며 그간 배운 품새를 반복했다.

　한 달에 한 번 하는 겨루기가 있는 날에는 정말이지 될 때까지 연습을 하고 또 했다. 점점 또래 친구들보다 앞서갔다. 그렇게 시작한 태권도는 초등학교 3학년 때까지 이어졌다. 검정 띠를 따고 체육관 대표로 대회에 나가 시범단도 하게 되었다. 관장님은 아이가 태권도에 소질이 있다며 계속할 것을 권유하셨지만 그때 나는 정중히 사양했다.

　태권도를 시작으로 수영, 축구를 하게 되었고, 점차 공부의 영역으로까지 넓혀나가게 되었다. 모든 처음은 태권도때와 마찬가지로 안 가겠다고 울었지만 익숙해지면 흥미를 느꼈고 한 번 시작한 일은 자기 것으로 완벽히 마스터 할 때까지 포기하지 않았다. 하나를 완벽히 익힐 때면 자신감을 가졌다.

　　　작은 성취가 새로운 도전의 씨앗이 되었다.
아이는 그렇게 새로운 것에 도전하며 작은 성취를 이뤄나갔다.

　우리는 살아가며 너무 많은 것을 중간에 포기한다. 쉽게 시작하고 쉽게 포기한 것들을 돌이켜 보면 후회가 밀려온다. 그러나 이미 지나간 과거에 얽매이면 오늘, 새로운 도전을 할 수 없다. 오늘의 작은 시작이 나에게, 그리고 우리 아이들에게 또 다른 시작과 포기하지 않는 끝이 되기를 바라며.

아들이 군에 입대하고 시간적으로 좀 더 여유로워졌다. 도서관에서 책을 읽다 보니 블로그에 관련된 글이었다. 블로그는 아무나 하나 싶었지만 내 삶을 기록하고 그것을 나중에 우리 자녀들이 볼 수 있으면 좋겠다는 생각에 용기를 내보았다. 글쓰기는 지금껏 해본 영역이 아니지만 그럼에도 불구하고 무작정 시작했다.

그리고 오늘로써 블로그를 시작한 지, 233일이 넘어간다. 2023년 2월 23일 아들 생일날에 첫 글을 썼다. 그리고 지금까지 단 하루도 빠지지 않고, 매일 글쓰기를 하고 있다. 무엇이든 시작한 일에는 꾸준함이 필요하다. 내가 아들에게 꾸준함이 무엇보다 중요하다고 이야기했듯이 나 또한 꾸준한 모습을 아이들에게 보여주고 싶다.

'무엇이든 시작했다면 꾸준히 끝까지 해야 한다'

지음

작심삼일에 일기만 끄적이던 어른이, 우연히 아파트에서 모집하는 독서모임 공고를 보고 꾸준함부터 장착하고 싶어 용기를 냈다가 여기까지 왔습니다. 서툴고 부족하지만 숨지 않고 이 모습 그대로 기록으로 남겨 훗날 많은 이들에게 위로가 되길 바라봅니다.

소중한 너에게 보내는 마음

 일주일의 절반이 흐른 수요일이야. 오늘 하루는 어땠니? 내 자신에게 던진 질문이 이토록 낯설 줄이야! 종종 물어볼 걸 그랬나봐. 스스로를 사랑하는 마음의 크기에 비해 정작 관심은 부족했던 거 같아.

 간밤에 내린 비에 촉촉해진 땅은 퇴근 무렵 바짝 말라 버렸어. 그 덕에 한 손을 불편하게 묶어놓았던 우산으로부터 해방될 수 있었던 것 같아. 물론 거북목을 유발하는 무거운 가방은 여전히 내 등에 바짝 달라붙어 있었지만 말이야. 그래도 나쁘지 않아. 오늘 하루. 나름, 기분 좋은 숙제도 하고 말이야.

 안타깝게도 나 때문에 이리저리 헤매고 있는거 알아. 그래도 좋은 시기에 소중한 인연을 만나 반짝이며 성장하고 있는 모습이 꽤 근사하지 않니? 남들에게 '잘' 보이고 싶어 하는 너의 바람대로 너를 '잘' 포장할 수 있는 그럴듯한 도구가 드디어 생겼잖아.

 그런데 참 이상해. 그동안의 독서가 단순히 지적 허영심을 채우기 위함이었다면 지금의 나, 그리고 독서는 삶을 하나둘 변화시키고 있어. 그 과분한 도구를 바람직하게 잘 이용해 나갔으면 좋겠어.

지난주 모임에서 포스트잇에 적었던 <일시적인 감정에 속아 입 밖으로 내뱉지 말 것!>이란 말 기억하니? 한쪽으로 치우진 순간의 감정에 매몰되지 않자는 다짐 말이야. 그 말을 마음에 새기기 위해 되새김질 중이야. 말의 위력은 생각보다 더 강하기 때문에 모르는 사이에 '진실'이 흔들리기도 하잖아.

자주 흔들려봐서 알지?

훌륭한 분들과 같은 공간에서 같은 곳을 바라보는 지금, 내려놓기 어려울 정도로 열망하는 무엇이 있을까? 곰곰이 생각해봤지만 없는 것 같아. 그 사실이 조금은 서글프고 걱정됐어.

어차피 해야 하는 일이라면 기왕에 좋아하고 잘하는 일로 돈을 벌고 싶어. 그치만 김집사님의 추천으로 열심히 읽고 있는 <부자의 언어>에도 나오잖아. 결코 쉽지 않은 일이란 것을. 내가 몸담은 곳에서 최대한 이름을 날리며 모든 일을 성황리에 마무리짓고 싶은건 욕심일까? 나도 시간이 지나면서 자연스레 열정이 차오르지 않을까? 지음 잘하고 있어. 부디 그러길 바라.

나에게 편지를 쓰다 보니 그동안 주고받았던 편지들의 내용이 머릿속을 두둥실 떠다녀. 벌써 10년이 다 된 이야기지만, 캐나다에 있을 때 1년간 매주 국제우편으로 편지를 보냈던 투머치토커 아빠의 마음을 그땐 몰랐던 것 같아. 돌이켜보면 아빠가 꾹꾹 눌러 썼던 마음 덕분에 힘든 시기를 잘 견뎌낸 것 같아.

잊지 못할 아빠의 말, '너의 태도는 그 누구보다 의심치 않는다'는 응원이 지금까지도 에너지를 발산할 수 있는 양분이 되었다는 사실을 잊지 말고, 훗날 후회하지 않도록 부모님께 잘하자.

그 무엇보다 어떤 순간에도 'attitude'가 최우선이라며 강조하던 아빠의 말이 더 이상 잔소리로 들리지 않는 걸 보면 그만큼 네가 자랐단 생각이 들어. 흐르는 시간과 엇비슷하게 비례하는 변화가 생기고 있다는 건 칭찬해주고 싶어.

얼마 전 단짝 유빈이에게 준 생일 편지에 적은 말들이 여전히 맴돌아. 잔뜩 흔들릴 수 있다는 게 청춘의 특권이라는데 우리 후회하지 않도록 이리저리 흔들려보자는 말.

우리 아직 대차게 흔들리는 중인데 이토록 바랐던 낭만 넘치는 청춘이 너무 처량하게 끝날까 봐, 시간이 너무 빠르게 흘러버려 불안할 때가 많다는 말.

그럴수록 서로 지탱해 주고 그 힘을 아낌없이 나누어 망망대해 같은 세상에서 혼자 낑낑대며 궁리하지 말고 서로의 길을 따라 걸어가는 모습을 가까이서 보기만 해도 위로가 될거란 말.

편지를 붙들고 케이크 앞에서 엉엉 울던 우리를 기억해. 사랑하는 친구가 행복하길 바라며 행복을 전염시키기 위해 부단히 애썼던, 그래서 나라도 먼저 빠르게 행복해지고 싶단 생각을 한 내 자신이 안쓰러우면서도 한편으로는 대견했어. 사랑하는 친구에게 한 말은 어쩜 나 자신에게 해주고 싶은, 어쩜 내가 누군가에게 가장 듣고 싶은 말이었을지도. 그래서 자꾸 맴도나봐.

진심을 꾹꾹 담아 편지를 쓸 친구가 있다는 사실과 맘껏 사랑을 주면서도 더 주지 못해 안타까워하는 내 사람들을 지금처럼 살뜰히 챙기며 살아가 보자.

나는 너를 사랑하기에 견딜 수 있을 만큼의 어려움만 찾아오길 바라고 너에게 찾아오는 모든 어려움이 결국 시간이 지나 웃으며 추억할 수 있길 바라. 설령 그렇지 않더라도 세상이 너를 미워해서 그런 게 아니라고, 불완전한 삶 속 적당한 빈틈이 너를 반겨줄 거라고, 화살의 방향을 굳이 굳이 찾아 너에게로 돌리지 않았으면 좋겠다고 이 편지를 빌어 속삭여본다.

평화롭지만 너무 조용하진 않도록, 미지근하지만 너무 서늘하진 않도록, 너의 좌우명을 따라 단단한 내면과 신체로 무장한 견고한 용기를 품은 채 앞으로 나아가길 바라. 최대한 빈번히 행복하고, 찰나의 행복을 온전히 느끼며 살아가길!

아빠를 닮아서 말이 참 많구나! 오늘은 이만 여기서 줄일게! 내면의 목소리는 너에게는 가장 크게 들릴 테니 자주 귀 기울여주고 자주 보듬어주기로 약속하며! 안녕 지음!

각박한 세상 속 소박한 행복 찾기

 마음을 무겁게 하는 일들이 다반사인 요즘 세상에서 어른들이 툭 건넨 무거운 한마디에 가슴이 철렁 내려앉는다.
 '요즘 애들, 너무 쉽게 힘들어해'

'요즘 애들'이 뭘까?

 뭐 하나 쉬운 거 없는 이 세상에서 외롭게 버티고 있는 어린 어른들은 어디에 기대야 하는 걸까?

 인턴도 경력직을 뽑는 마당에 세상을 버티는 경력은 도대체 어디서 얻는 것일까? 활자로만 가득한 책과 인터넷에서 쏟아지는, 들리지도 않는 목소리를 듣기 위해 온종일 바삐 움직이는 눈과 귀. '지금 이 순간에도 내가 눈치채지 못한 실수를 범했으면 어쩌지'란 두려움과 함께.

 요즘 어린 어른들이 에세이에 열광하는 이유는 차마 기댈 곳 없는 이들의 유일하고도 유용한 삶의 지침서 역할을 하기 때문이 아닐까? 넝쿨과 돌부리로 가득한 가파른 언덕에 오르다 넘어져도 치료받을 수 있는 병원은 그 어디에도 없는 현실. 제대로 된 치료도 하지 않은 채 상처에 밴드를 덧대고 꾸역꾸역 살아가야 하는 우리가 마주한 냉혹한 현실.

"난 요즘 행복하지 않아. 행복할 만한 일이 없어.
내가 원하는 일은 현실적으로 이루기 어렵고,
원하지 않은 일을 열심히 할 원동력도 없어.
지금이 딱 그래."

10년 지기 친구와 꽤 재미난 시간을 보내고 집에 가던 길에 들었던, 가슴 쿵 내려앉던 그 말. 속이 상했다. 아니, 어쩜 허무함에 더 가까웠다.

중학교 때부터 10년 넘게 봐왔던 친구는 어릴 적부터 비상했다. 적어도 내 눈엔. 맏이었음에도 빈틈이 많았던 나와 달리 세 자매 중 막내였던 친구는 똘똘하고 똑 부러졌다.

괜한 자존심을 부리느라 단 한번도 부럽다고 말한 적 없지만 내가 갖지 못한 면모를 지닌 친구는 사실, 언제나 선망의 대상이었다. 어른이 되어서도 듣기 좋은 당근 같은 위로보단 따끔한 일침을 가했기에 냉정한 채찍이 필요한 날이면 그 친구를 찾아갔다.

가끔은 따끔하다 못해 아플 때도 있었지만 그마저도 좋았다. 그런 친구가 열심히 살아갈 힘이 없다니. 머릿속이 어지럽고 시끄러워졌다. 그야말로 충격 그 자체였다. 무슨 말을 해줘야 할지 엄두가 나질 않았다.

누군가를 위로하기에 내 자신은 능숙하지 않았다. 그렇다고 '힘내'라는 텅빈 위로의 말을 건네고 싶지도 않았다. 고민 끝에 조심스레 건넨 말.

"근데 너 아이돌 좋아하지 않아? 잠들기 전에 영상 보고 피식 웃은 적 없어?"

"어 있어, 근데 잠깐이잖아"

그 순간 천군만마를 얻은 기분이었다.

"그럼 너 행복하네! 우리 그걸 행복이라고 생각하자. 잠깐이라도 웃게 만드는 무언가가 있다는 거잖아. 그런 순간들이 모이면 행복이 될 거야"

친구는 어이없다는 듯 코웃음을 쳤지만 이내 맞장구를 쳐주었다.

우리의 대화는 그렇게 가볍게 마무리됐다.
행복을 너무 거창하고 화려하게 생각하면 허전한 마음이 더 커질 수밖에 없다.

그래서 요즘 내가 생각하는 행복은 아침에 계획했던 기상 시간에 알람 없이 딱 맞춰 일어났을 때의 **뿌듯함**, 인기 많은 소금빵이 빵집에 도착하기 전에 다 팔렸을까 초조해하며 변하지 않은 애꿎은 신호등을 탓하다가 넉넉히 남아있는 빵을 본 순간의 **안도감**, 좋아하는 가수가 역대급 스케일 곡을 발매했을 때의 **설렘** 같은 것이다.

　이 모든 소소한 감정이 행복이 아닐지.
　물론 이렇게 생각하기로 마음먹은 것은 불과 얼마 전이다. 조금은 부끄럽지만 사소한 인식의 변화로 생기는 예상치 못한 빈번한 행복의 반복을 몹시 감사하려고 노력 중이다. 그러다 보니 요즘은 너무 사소해서 알아차리기 어려웠던 행복을 발견하는 재미도 쏠쏠해졌다.

　결국 자잘한 행복들이 모여 언젠간 몸집이 큰 행복이 될 테고, 세상의 잣대와 관계없이 나는 행복한 사람이 돼 있을 거니까. 그래서 각박한 세상 속 소소한 행복 찾기를 위해 오늘, 이 순간에도 조용히 그 이름을 따스하고 다정하게 소환해본다.

　　　　　　　　　　　　　행복

별들의 세상 : 너희라는 별을 불러본다.

시월의 아름다운 밤도 이제 며칠 남지 않았다.

쏜살같이 지나가 버린 탓에 존재감이 크지 않았지만 시간은 변함없이 흘러갔다. 내겐 그 사실을 알 수 있는 특별한 방법이 있다.

여름이면 벌겋게 타오르는 얼굴과 이마의 구슬땀, 추운 날이면 거칠 대로 거칠어진 아이들의 손과 붉은 코, 언제 자랐는지 모르게 미세하게 자라있는 키와 머리칼, 놀라운 눈빛이 그것이다.

내게 주어진 사명은 세상을 천천히 알아가는 아이들에게 보고 듣고 느낀 것을 말할 수 있는 용기를 주는 것이다.

우연한 기회로, 아니 어쩌면 하늘의 뜻대로 묵직한 카리스마를 가진 선생님과 인연이 되었고, 나는 단숨에 그녀에게 현혹됐다. 하지만 막상 함께 일해보자는 말에는 설렘보다 두려움이 컸던 것 같다. 한 달 이상을 고민 끝에 용기를 내어 그녀와 한배를 탔다.

그렇게 시작된 아이들과의 인연. 어느덧 다섯 번째 가을을 맞이하고 있다.

수업 중에 지루해하는 아이가 있으면 종종 '작은 별'이라는 노래를 불러주곤 한다.

'반짝반짝 작은 별, 아름답게 비치네'

노랫말이 좋아서인지, 별의 반짝임 자체가 좋은 것인지, 반짝이는 눈으로 나를 바라보며 노래를 함께 따라 부르는 아이들. 사실 그 모습이 너무 사랑스러워서 많은 노래 중 유독 작은 별을 선택하곤 한다.

손목을 힘차게 돌리며 반짝임을 표현하려고 애쓰는 모습을 보면 벅찬 감정들이 멈추지 않는 파도처럼 끝없이 밀려온다. 처음 느끼는 이 몽글몽글한 감정, 오래도록 내 마음에 머물렀으면.

내가 돌보는 아이들은 특별하다. 조금 서툴지만, 표현하고 싶은 게 있다면 온 마음을 다해 표현한다. 누군가에겐 당연할 수 있는 그 모든 것들을.

파도처럼 밀려드는 너희의 마음을 담기에 쏜살같이 지나가는 시간의 그릇은 너무 작을지도 몰라. 그래서 다 알 순 없겠지만, 내 멋대로, 내 식대로 판단해 보려해. 너희의 그 소박하지만 화려한 몸짓을.

실제로 별은 정말 크지만, 우리 눈에는 작게 보이는 거야.

그게 축복이라는 것을 요즘 새삼 느낀다. 너무 컸다면 그 반짝임을 눈에 넣을 수 없었을 테니까.

 말로 표현할 수 없을 정도로 너희들을 사랑해.
 언젠가 나도 너희들처럼 온몸으로, 온 마음 다해 내 마음을 표현할 날이 오겠지? 그날을 위해 오늘도 너희라는 작은 별을 온 마음 다해 불러본다.

   반짝반짝 작은 별, 아름답게 비치네.

따뜻한 손길의 그리움

"엄마, 진짜 안 가면 안 돼?"

새로운 학교로 등교하기 전날까지 엄마와 실랑이하다 '울며 겨자 먹기'로 끌려갔다. 초등학교 3학년 2학기에 옆 동네로 이사하는 바람에 5년 동안 살았던 친숙한 동네를 떠나게 되었다. 친숙한 동네를 떠난다는 의미는 곧 단짝 친구와 헤어져 전학을 가야한다는 의미이기도 했으니 필사적으로 저항했던 것 같다.

걸어서 30분 거리, 차로 10분도 걸리지 않아 가능하면 학교는 그대로 다니고 싶었다. 그러나 저학년이었던 나를 걱정했던 어른들은 안전상의 문제로 가까운 학교로 옮기는 게 낫겠다고 결정했다. 내 의지는 조금도 반영하지 않은 어른들의 결정이었다.

1학년 때부터 3년 내내 같은 반에 바로 옆 아파트에 사는 이웃사촌이었고 마지막을 상상도 해본 적 없었던 단짝 친구와의 갑작스러운 헤어짐을 받아들이지 못하고 마지막까지 엉엉 울었던 기억이 선명하다.

'이미 한 학기 동안 자기네들끼리 친해져 있을 아이들 사이에 과연 내가 낄 수 있을까. 밥을 혼자 먹게 되면 어쩌지. 모두가 나를 싫어하면 어쩌지'와 같은 걱정이 내 온몸을 감싸기 시작했다.

　걱정이 태산이었지만 기어이 '두려움100, 설렘0'으로 모든 게 낯설었던 곳에서 마음이 무거웠다. 그러나 한편으로는 인기 많은 전학생이 되고 싶은 욕심도 생겼다. 그래서 가장 아끼는 분홍빛 원피스를 입고 새로운 교문을 당당히 넘었다.

　누가 봐도 쭈뼛쭈뼛 전학생 티를 한껏 내며 교무실에 들어가서인지 많은 선생님들의 시선을 한 몸에 받았다. 그중 가장 환한 미소로 나를 바라봐 주셨던 한 분.

　보자마자 강한 이끌림을 느꼈고, 그분이 나의 담임 선생님이길 간절히 바라며 1시간 같은 1분을 우물쭈물 기다리는데 세상에나! 나를 바라보며 다가오신 그 분이 바로 내 담임 선생님이라고 한다.

　역사적인 순간이었다!
　커다란 미소가 동그란 얼굴에 가득 차 계셨던 분.
　숨만 쉬어도 하얀 입김이 가득 나오는 날에 입 천장이 데인 것 따위 뒤로한 채 호호 불어 마시는 카라멜마끼야또 같았던, 은지초등학교 3학년 3반 임○○ 선생님에 대한 소중한 추억을 떠올려 보려 한다.

　첫날부터 따뜻한 눈빛과 달달한 목소리로 나를 맞이해주셨던 선생님 덕분에 걱정이 태산같았던 내 마음은 금세 녹았다. 새카만 머리에 가지런히 5:5 가르마를 타고 하나로 낮게 묶은 머리를 고수하셨던, 낮은 채도에 치마보단 바지를 선호하신 선생님의 헐렁한 스타일은 매일 같이 하늘하늘한 원피스에 반짝이 머리띠가 필수였던 나에게 조금 낯선 차림새의 여성이었다.

그렇지만 그저 '멋있는' 사람으로 인식이 됐던 이유엔 선생님만의 다채로운 '다정함'이 있었다. 초록색 칠판에 빨강, 노랑, 파랑, 초록, 하얀색까지 꼭 다섯까지 색깔의 분필로 알록달록한 알림장을 써주셨던 선생님의 동글동글하지만 또박또박 적힌 글씨는 한결같이 정성이 가득했고 만화에서나 볼 법한 신기한 글씨체였다.

따라 하고픈 마음에 내 필통엔 형형색색 볼펜들이 점점 가득 차 갔고, 베끼기에 그치지 않고 최대한 똑같이 따라 해보고자 칠판을 향해 수십 번 고개를 올렸다 내렸다 하느라 항상 뒷목이 당길 정도였다.

고통과 함께했던 시간 덕분에 아직까지도 내 글씨는 선생님을 따라 하던 그 시절에 머물러 있다. 첫 만남부터 복도 위에서 통성명과 동시에 급속도로 두터운 내적 친밀감을 형성해 주신 선생님은 알고 보니 3학년 3반 친구들 모두에게 인기가 많으셨다.

쉬는 시간만 되면 선생님의 교탁 앞에 아이들이 우르르 몰려와 둘러싸여 계셨다. 내심 선생님과 단 둘만의 시간을 보내기 어려워 아쉽기도 했지만 나 또한 몰려갔던 아이 중 하나였다.

　선생님의 인기의 비결은 푸근하고 따스하게 다가오는 다정함이었다. 선생님은 3반 친구들 모두에게 고른 관심과 사랑을 다양한 방식으로 풍부하게 표현해 주셨고, 칭찬과 사과의 말에 대한 용기와 무게를 가르쳐 주셨다. 그 덕에 남, 여 할 것 없이 아이들 모두가 사이가 좋았고 적당한 물결에 편안히 튜브에 얹혀진 아기 마냥 모난 구석 하나 없이 지냈다. 나 같은 전학생까지 흔쾌히 자신들의 울타리 안에 넣어주었던 것도 그러한 선생님의 영향이 컸다.

　매주 검사하셨던 일기장엔 짧지만 선생님만의 귀여운 도장과 응원 혹은 위로의 메시지까지 남겨주신 덕분에 숙제가 아닌 기록으로써 의미가 변질되지 않고 즐길수 있었다. 매번 새로운 조 편성으로 토론과 발표를 함으로써 같은 반 친구들과 골고루 소통하고 예쁜 말을 적절하게 골라 자신의 의견을 정확하게 표현하는 방법을 매일매일 자연스럽게 배웠다.

　공부와 재미 두 마리 토끼를 다 잡았던 매력적인 수업이었다. 제일 신기한 건 이 모든 기억들이 마치 어제 일인 것 마냥 생생하다는 사실이다.

　선생님에 대한 소중함과 특별함은 3학년을 마치고 난 후에 선명히 다가왔다. 4학년이 되고 반 배정이 나온 순간부터 차가운 감정이 감돌았다. 한 학기 동안 친해졌던 친구들과 또 한번의 헤어짐을 경험하게 됐고 심지어 가까이하기엔 무서운 친구들과 함께하다 보니 반년 만에 학교가 다시 가기 싫은 곳이 되어버렸다.

점점 허탈한 마음이 커져버렸고, 학교생활로부터 생긴 크고 작은 상처들이 선생님을 향한 아쉬움이 깊어졌다. 그리고 언젠가부터 선생님을 향한 그리움은 보이지 않는 곳으로 멀어져만 갔다.

선생님은 지금의 나와 나이가 같았다. 어리고 여린, 초보 선생님은 어떻게 그 시절 온 마음 다해 다정하셨을까? 이제라도 다시 만나 묻고 싶은 심정이다. 우리를 향한 다정함은 어디서부터 나온 것인지.

단단한 내면과 굳건한 신체만 있다면 본능을 이겨내고 충분히 다정함을 꺼낼 수 있다고 생각하지만 실제로는 그렇지 않다는 것을 어른이 되어가면서 삶을 통해 배웠다. 몸에 완전히 녹이기 위해선 다정함을 행하는 대상에게 기대 혹은 평가는 버려야 한다는 사실도.

10년이 넘은 지금의 선생님은 여전히 다정함이 몸에 배어있으신지 참 궁금하다.

어리숙한 어린이였던 초등학생 시절과 사춘기 반항심으로

똘똘 뭉쳤던 중학생 시절, 눈 앞에 깜깜하고 길을 헤맸던 고등학생 시절을 쭉 회상해 보았을 때 '임○○ 선생님'을 제외하고는 다른 선생님들의 정확한 성함과 몽글몽글한 추억은 단번에 생각나지 않았다.

특별하게 내 마음속에 자리매김한 선생님을 향한 그리움도 물론 있지만 아직 배울 점이 남았단 생각 때문일까? 워낙 어릴 적부터 감성적이고 감정적인 관계 중심형 인간이었기에 매년 새롭게 만났던 선생님들과 친밀한 관계를 맺었었고, 그에 따른 나름의 자부심도 있었는데 지금, 새하얗게 잊은 걸 보니 딱 그 정도의 깊이였나보다.

시간이 흘러 어른이 되어 아이들을 가르치는 '선생님'이란 직업을 갖게 되니 아이들의 마음 깊은 곳까지 자리매김하기가 얼마나 어려운지 잘 알게 되었다. 그래서일까, 선생님을 향한 존경심이 더 커질 수밖에

어디서 어떻게 지내실지 몰라 아쉬움은 커져 가지만 여전히 선생님다운 따뜻한 손길로 아이들을 보듬어주고 계시길 바라본다.

내 동생이 개구리 왕자라니

맴-맴맴— 방충망에 붙어 밤낮 상관없이 만들어내는 소음의 장본인 매미와 공생하며, 현관문을 열자마자 촉촉한 공기에 불쾌지수가 치솟다 못해 분노의 땀으로 샤워하기 일쑤였던 무더운 여름이었다.

아직도 온도, 습도 그리고 분위기까지 얼마 전 일인 것처럼 생생했던 그날의 또렷한 기억.

나는 7년간 외동딸로 살다 보니 동생의 존재가 간절했다. 그래서 간절한 마음으로 '내게도 동생이 생겼으면' 하고 바랐다. 동생 있는 친구들이 부러워 부모님께 조르고 졸랐지만 그렇게 한순간에 동생이 생길 수 있다는 사실을 그땐 미처 몰랐다.

초등학교 서열 최하위 1학년이지만 뭣 모르고 떵떵거리며 당시 유명했던 신데렐라, 백설공주가 아니라 덜 알려졌지만 내 눈엔 마냥 아름다웠던 '잠자는 숲속의 공주'가 새겨진 특별한 노란 빛깔 가방을 자랑하고파 앞으로 메고 다녔던 철없던 시절이었다.

던지며 놀고, 깔고 앉기도 하면서 놀이감 역할을 두둑히 해 주던 신발주머니를 맨날 잃어버리고 나타나 그만 좀 덜렁대라며 엄마의 골머리를 아프게 하던 내 나이 겨우 8살에 뜬금없이

'누나'가 되었다.

　그토록 바랐던 동생의 얼굴을 보자마자 화들짝 놀랄 수밖에 없었다. 당시 집집마다 필수로 구매했던 세계명작동화 시리즈 중 하나이자 애정했던 책의 주인공이었던 개구리 왕자의 생김새와 갓 태어난 내 동생의 얼굴이 몹시 닮았기 때문이다.

　퉁퉁 불어서 눈이 보이지도 않았고 이빨 하나 없이 서럽게 우는 입. 얼굴의 절반을 차지할 정도로 빼곡해서 '엄마 뱃속에서 여전히 돌아다니고 있으면 어쩌지'라고 걱정했던 동생의 검디검은 머리카락까지.

　옆에 있던 아빠를 올려다보니 콧구멍을 벌렁거리면서 자신의 오른팔을 대뜸 가리키며
　　　　　"아기가 아빠 팔보다 작아.
　　　　너도 저만 할 때가 있었는데. 콩만한 시절"

　약간은 격앙된 목소리로 어찌할 줄 몰라 하고 계셨다. 내가 25살이 된 지금까지도 입버릇처럼 당시의 얘기를 하시는 우리 아빠의 레퍼토리다.

　그럴 때마다 이제는 콩을 넘어 킹콩이 되어버린 나는 애써 웃으며 현재를 살라고, 지금의 나를 사랑해달라고 이야기하곤 한다.

그렇게 행복한 표정을 지은 가족들과 나는 새로운 생명체의 탄생을 처음 경험했다. 작고 귀엽지만 조금은 징그러운 개구리 왕자의 첫인상에 당혹스러웠지만 혹시라도 내 말 한마디가 상처가 될까봐 '우리 동생 귀엽고 예쁘다'라는 말을 반복했다.

"동생 태어나니 어때?"

숱은 질문에는 개구리 왕자 이야기는 쏙 빼고 그저 "왕자님 같아요!"라고 소감을 전했다. 본색을 숨긴 내 대답에 어른들은 대견하다며 흐뭇하게 쳐다봐 주셨다. 그 칭찬이 좋아서 매번 같은 답변을 했다. 그럴 때마다 긍정적인 반응이었다.

개구리 왕자가 태어나고 새로운 경험의 순간들이 파도같이 몰아쳤다. 산후조리원에 있던 엄마와 동생을 보러 가기 위해 동전이 생기는 족족 잘 모아뒀다가 부푼 마음을 안고 500원짜리 동전 2개를 챙겨 혼자 버스를 타기도 했다.

성황리에 버스를 타는 것부터 내려야하는 정류장에서 스톱 버튼을 누르는 것 까지 실수하지 않기 위해 삐뚤삐뚤 적힌 꼬깃꼬깃한 종이를 찢어지도록 만지작대며 수차례 연습했다.

기다리고 기다리던 엄마와 개구리 왕자가 조리원에서 나와 집에 왔을 땐 친구들이 밖에서 부르는 소리도 귀찮기만 했다. 심지어 내 사랑 아이스크림의 유혹까지 뿌리칠 정도로 온종일 집에만 머물고 싶었다.

내 작은 손에 동생의 부드럽고 귀여운 손이 포개지는 순간이면 세상 모든 가진 것만 같았다. 기분 좋은 압박감은 그 어떤 단어로도 표현할 수 없는 충만함이었다.

하지만 언젠가부터 오롯이 나에게만 집중하던 엄마 아빠의 우선순위가 더 이상 내가 아니라는 사실이 차가운 공기처럼 느껴졌다.

당시 정확한 감정의 기억은 두루뭉술하지만 딱히 터놓고 얘기하진 않았다. 안 그래도 도톰한 입술을 뾰루퉁하게 내미는 것이 불만 표현의 전부였던 8세 소녀인 내가 할 수 있는 것은 없었다. 더 솔직히 말하자면, 말하지 않아도 먼저 눈치 채 주시길 내심 바랐다.

괜히 내가 그런 내 맘을 티 내면 나 때문에 개구리 왕자가 미움받을까 싶어서 꼭꼭 삼켰던 것 같다. 그러면서 질투 따윈 하지 않는 게 좋은 누나의 모습이라며 스스로를 다독였다.

태어나서 처음 느껴보는 혼란스러운 감정을 다 받아들이기도 전에 집 안에서 내가 맡게된 역할은 점점 늘어났다. 근데 그게 싫지만은 않았다. 누군가를 돕는건 어른의 역할이라고 생각했는데, 그런 면에서 어른이 된 것 같아서 어깨가 으쓱하기도 했으니.

동생을 돌보기 힘들어하시는 엄마를 도와 설거지도 처음으로 해보고 젖병 삶는 동안 괜히 휘적휘적 저어보기도 했다. 또 어떤 날은 심지어 개구리 왕자의 황금빛 묽은 응가를 물티슈로 쓱쓱 닦다가 오줌을 냅다 얼굴에 지려버려 난생처음 짭조름한 오줌 맛도 알게 되었다. 안정적으로 젖병을 먹이기에 최적화된 각도를 찾으려고 요리조리 돌려가며 소중한 모유를 질질 흘리다가 한 소리 듣기도 했다.

나에게 생긴 역할을 잘하고 싶어서 어른들 뒤를 졸졸 따라다니며 어깨너머로 배운 일들을 능숙히 잘해냈다. 그런데 어쩐지 그 역할을 모두 잘해낸 탓일까?

눈 뜨고 눈 감을 때까지 내 모든 것을 다 받아주던 엄마아빠는 더 이상 없었다. 혼란스러움과 섭섭함의 농도가 점점 짙어지기 시작했다.

그러던 어느 날, 저녁 준비에 한창이셨던 엄마는 여느 때처럼 내게 두부 심부름을 시키셨다.

평소의 나라면 다정히 대답하고 곧장 심부름 다녀왔을텐데 그날따라 섭섭함이 깊었나보다.

"엄마는 왜 맨날 나만 시키냐구 왜!"

모기보다 작은 목소리로 투덜거리며 집밖을 나섰다. 아파트 단지 내에 있던 마트라고 하기엔 작고 슈퍼라고 하기엔 컸던 그

곳에서 사건은 발생했다.

꼬꼬마시절 부터 들락날락 하던 곳이었기 때문에 사장님께서는 내 이름까지 알고 있을 정도로 대부분의 이웃들과도 신뢰와 친분이 두터우신 다정한 분이었다.

생각해보니 한동안 장래희망이 슈퍼 사장님이었던 이유도 사장님의 공이 크다. 종종 아빠랑 같이 가서 라면 한 봉지를 사 가지고 보글보글 끓여 먹으면 그렇게 꿀맛이었을 수 없다. 장래희망을 요리사로 바꿀 정도로 감동적인 맛이었다. 일기장에도 여러 번 언급할 정도로.

추억이 깃든 사건 장소에서 여느 때와 같이 "엄마 심부름 왔어요. 사장님 두부 한 모 주세요!"라고 외친 뒤 뻘쭘하게 서 있는데 카운터 바로 뒤에 있던 밀크 카라멜이 '제발 나 좀 한번 봐 달라'는 모양새로 너무나도 가지런히 놓여 있는게 아닌가!

개구리 왕자 응가처럼 진한 황금색 상자에 5개씩 2줄 빼곡히 들어있고 마이쮸나 새콤달콤에 비해 값비싼 캔디라 절대 용돈으로는 사 먹을 수 없었던, 심지어 엄마가 사주지 않아서 아빠가 몰래 사줘야만 먹을 수 있어서 더 달콤했던 바로 그 고급진 단맛의 주인공 '롯데 밀크 카라멜'

지금은 너무 달아서 누가 줘도 안 먹으면서 그땐 멀리서 후광이 보일 정도로 간절했다. 그 짧은 순간에 이리저리 고민하다

사장님께 잔돈으로 카라멜 하나 살 수 있냐고 여쭤봤고 아슬아슬하게 살 수 있을 것 같단 말에 넙죽 "같이 살게요!"라고 우렁차게 대답했다.

후에 벌어질 후폭풍은 상황은 상상조차 못한채.

입꼬리는 끝도 없이 올라갔고 진한 섭섭함에서 진한 행복감으로 금세 변화한 갈대 같은 마음을 장착하고 신나게 집에 들어왔다. 고맙다는 짧은 인사와 함께 잔돈을 달라는 엄마.

순간 온몸의 털이 삐죽삐죽 서기 시작했고 축축했던 등이 서늘해지다 못해 쎄한 바람처럼 느껴졌다.

'뭐라고하지? 사실대로 말할까? 그럼 혼날 것 같은데.
　거짓말하면 엉덩이에 뿔난다고 했는데'

방금까지 행복과 설렘으로 가득 차있던 마음이 순식간에 두려움으로 변해있었다.

"오다가 하수구에 동전을 빠뜨렸어."

내 목소리는 점점 희미해져갔고 말도 안되는 거짓말은 점점 짙어져만 갔다. 소심하게 고개를 들어 보니 눈썹사이가 가까워지다 주름까지 생긴 미간에 짧은 한숨과 함께 굳어버린 엄마의 얼굴이 선명히 보였다.

우리 가족이 모두 두려워하는 전매특허! 엄마의 성난 얼굴.

잔뜩 움츠려든 좁은 어깨에 쩔쩔매다 못해 한껏 쫄아 있는 내 모습을 보며 엄마는 단번에 눈치챘을 것이다. 솔직하게 말하라고 몇 번을 더 물어보셨지만 계속 거짓말을 고수했던 덕에 결국 크게 혼이 났다. 그것도 대차게 누워있는 개구리 왕자 앞에서 말이다.

얼마나 치욕스럽던지. 엄마한테 혼나는 속상함보다 개구리 왕자 앞에서 이런 쭈구리 모습을 보여야한다는 창피함이 더 나를 초라하게 만들었다.
아직까지 생생하게 기억나는 이 사건을 통해 거짓말은 결국 들킬 수밖에 없단 사실을 뼈속 깊이 새기게 되었고, 앞으로 개구리 왕자 앞에서 완벽하고 멋진 모습을 보여주자, 그리고 내가 어른이 되어 엄마가 된다면, '절대 동생 앞에서 누나를 혼내지 않으리' 라는 귀여운 다짐까지 하게 되었다.

이제 와 생각해보면 이 모든 생각을 고작 8살이었던 내가 했다는게 믿기지 않지만, 참 나답다는 생각이 든다.

개구리 왕자를 보는 시선은 예전보다 조금 달라졌지만, 언젠가 진짜 왕자님이 될 내 동생의 멋진 내일을 기도하는 마음은 예나 지금이나 변함없다.

오래전 여름날의 치욕은 지금까지도 거짓말은 무슨 투명하다 못해 속이 환하게 보이는 사람으로 살아가게 했고 든든하고 단단한 K-장녀로 살아갈 용기를 품게 했다.

찰나에 겪었던 무수한 경험들과 감정들 덕분에 나를 부단히도 다듬으며 꼿꼿함을 유지하는 동력이 되었고, 함부로 우울과 불안에 압도당하기보다 부지런히 포용과 사랑을 주는 사람으로 살아가고 있다.

25살의 시선으로 8살의 어린 시절을 바라보니 조금은 가엽기도, 야속하기도 하지만 얼룩진 과거의 기억을 충분히 추억하고 잘 포장한 뒤 내일을 기대하는 마음으로 보통의 매일을 사는 것이야말로 쳇바퀴 같은 일상 속 스스로를 향한 작은 성의가 아닐까 한다.

그저 나보다 나를 더 기대하고 잘 되길 바라는 사람은 없는 세상이 영원했으면, 울퉁불퉁한 길 위에서의 거친 낭만도 씩씩하게 받아들이는 여유를 사랑했으면, 그런 삶을 즐겼으면

나도, 나의 개구리 왕자님도.

전지적 지음시점1. 감정분리수거

엄마가 벌컥 내 방문을 열고 소리친다. "이게 방이야 돼지 우리야? 분리수거 좀 해야겠다." 맞는 말이지만 듣고 싶지 않은 말이었다. 실은 나도 잘 알고 있었기에 더 그러했던 것 같다.

"방이 사방팔방 너저분하게 더럽혀져 있으면 너도 들어가기 싫잖아."
"근데 지금 방 정리할 마음의 여유가 없는데"라며 퉁명스럽게 웅얼거렸다.

순간, 이리저리 얽혀 머릿속을 복잡하게 하는 감정들부터 분리수거 해야겠다는 생각이 들었다. 머릿속에 정리되지 않은 감정들과 방에 너저분하게 널부러져 있는 갈 곳 잃은 물건들이 참 닮아있었다.

방에 있는 물건은 만질 수라도 있지만 온갖 생각들은 볼 수도 만질 수도 없기에 더 답답하고 막막하다. 부글부글 끓는 감정들을 무작정 표출하다 애써 다시 주워 담는 최악의 상황이 올 수 있기에 마땅히 삼키고 정리하는 시간이 필요하다.

하고 싶은 말들이 너무 많아 입안에서 맴돌아 숨 쉬다가 불현듯 툭 내뱉을 것 같아서 억지로 삼킨 말들을 천천히 생각해봤다.

 평소의 나라면 어떤 생각을 하고 어떻게 행동했을지. 제 자리를 잘 찾아간 생각들을 찬찬히 입 밖으로 하나씩 꺼내어본다. 무거운 마음이 턱밑까지 차오른 말들을.

 다시 편히 숨을 내쉴 수 있는 저마다의 방법이 있을까? 시간이 지나면 괜찮아질 것 같지만 당장 괜찮아지지도 않고, 누군가에게 털어놓자니 입 밖으로 꺼내는 게 버겁고 무서운 말들을.

 괜스레 나 때문에 같이 우울해질까봐. 썩 유쾌하지 않는 내용이라 듣고 싶어하지 않을 것 같아 지레 삼켰던 말들을.

 그렇게 차곡차곡 쌓인 말들이 내 머릿속을 너저분하게 채워버렸다. 엄마 말처럼 분리수거를 해야 될 때인지도 모르겠다.

 내 안에 일어나는 수많은 감정들을 가장 잘 정리할 줄 아는 사람은 나 자신이니까. 수많은 정리 끝에 나만의 분리수거 노하우가 생기면 그때는 시원한 숨을 내뱉고 싶다.

 당장 덜어내고 비워낼 것부터 하나씩 꺼내본다.
 그게 분리수거의 시작이니까.

뼈 때리는 그녀의 한마디

　누군가의 기쁨을 오롯이 내 기쁨으로 마주하였을 때,
　내 몸뚱어리는 진정 슬픔으로 가득 차 있었음을 알아차렸다. 사랑하는 이의 기쁨을 진심으로 축하해주지 못하고, 싫어하는 이의 실패에 실소를 터뜨렸던 어리숙한 인간임을 직시했다.

　이기적이게도 그저 모든 사람들의 기쁨이 전부 다 내 것이길 바랐고, 나로부터 출발하길 바랐다. 나의 끝없는 갈구는 그 무엇으로도 막지 못했고 그럴 때마다 비참했다.

　그런데 언젠가부터 누군가의 슬픔에 미련하게도 진심으로 마음이 아렸고, 고달팠고, 처참했고, 다가가 상처를 숨겨 주며 보듬어주고 싶어졌다.

　온전하지 않은 채 막연히 기대하며 기다리고 있음에도 불구하고 너덜너덜해진 몸뚱어리 속 기이한 다정함으로부터 욕심이 났다. 슬픔은 슬픔, 그 자체로 위로가 되어줄 수 있었다.

　같은 감정을 공유하는 공감의 진정한 의미를 알게 되었다. 어쩌면 지금껏 슬픔을 더 허약하게 만든 게 내 자신일지도 모른다는 생각을 난생처음으로 하게 된 것이다. 변화한 나를 받아들인 이후부터 삶이 달리 보였다.

내 결핍을 단숨에 간파했던, 그 정다웠던 아주머니와의 만남이 내 삶을 바꿔놓을 줄이야.

올해 환갑이 되신 아주머님은 약속이라도 한 듯 종종 만나게 되는 이웃이다.

여느 때처럼 30대부터 60대 여성들 사이에 껴, 잘 먹기만 해도 칭찬을 받는 아가씨 역할로 스몰 토크를 나누던 중, 그녀가 건넨 한마디는 내 마음은 흔들어놓았다.

"남들한테 굳이 나쁜 말 할 필요 없어. 그렇다고 다 듣는 것도 아니고 결국 결정은 자신의 몫이잖아"

그 당시엔 아무리 그래도 아닌 건 아니라고 바로 잡아 줄 사람도 필요하지 않냐고 생각했지만 곱씹을수록 그녀의 말이 맞았다.

이제껏 내 삶의 중요한 결정은 항상 내 몫이었다. 수많은 사람들과 마주하며 나눴던 대화를 떠올려보면 머릿속에 남는 건 결국 웃는 얼굴로 잠시나마 상쾌한 기분이 들게 해주었던 말뿐이다.

갑갑한 마음에 털어놓은 내 진심에, 뼈를 때렸던 그녀의 한마디가 내내 마음에 남는 이유다.

나를 잘 모르는 사람으로부터 받은 상처보다 나를 잘 아는 사람으로부터 받은 상처가 더 크고 아프게 다가온다. 그때 사람들은 괜히 말했다며 후회한다. 어차피 피가 되고 살이 되는 충고가 담긴 말들은 자기 자신이 제일 잘 아는데 말이니까.

그럼에도 나약하고 이기적인 인간은 본인이 반대 입장이 되었을 때, 쓰라린 마음은 둘째치고 주관적인 의견을 그득그득 덧붙여 냉소적인 말을 내뱉는다. 남의 일이라고 여길 땐 달라지는 태도를 자각할 때면 마음 먹기와 실행에 옮기는 게 얼마나 어려운 일인지 뼈저리게 느낀다.

마주칠때면 항상 환한 미소와 함께 따뜻한 칭찬을 해주셨던 정다운 아주머니는 '칭찬은 고래도 춤추게 한다'는 진리를 알고 계셨던 것이다. 나도 그런 사람이 되고 싶다.

순간적으로 이성적이면서 감정을 담은 염려를 빙자한 잔소리를 나열하기보다는 세상 다정한 아주머니의 말처럼 누군가를 기분 좋게 해줄 수 있도록 더욱이 노력하고자 한다.

하지만 그러한 다정함과 배려, 따스함은 하루 아침에 만들어지지 않기에 오늘도 책을 읽고, 일기를 쓰며 마음을 다잡아본다.

언젠가 내게도 아주머니의 모습이 스며있길 바라며

두유노 BTS? 마이네임 이즈 지민!

콜록콜록 뜨거운 온기가 온몸에서부터 올라온다.
간절히 코로나이길 바라며 자가 키트를 해봤고, 이얏호! 두 줄이다! 양성! 양성!

일을 시작한 지 4년 차, 때때로 직업이란 쉼조차 쉬이 허락하지 않는 나를 가두는 창살 없는 감옥이었다. 쉼이 절실히 필요했던 순간이었기에 내게 자가격리란 아픈 몸뚱어리는 둘째치고 일주일간 마땅히 누릴 수 있는 달콤한 휴식의 좋은 명분이었다.

기쁨도 잠시 결국 나도 누군가로부터 전염되었고, 내가 전염시켰을 수 있단 사실에 무거운 마음으로 서른 번 남짓의 통화를 걸어 지인들과 학부모님들께 양성 소식을 알려야만 했다.

하루 확진자 천 명이 넘는 시기여서 나의 양성 소식은 다른 이에겐 그리 큰 충격이 아니었나 보다. 전화를 받은 상대들은 모두 괜찮다며 나의 안부를 묻기 시작했다. 그래서 아픈 와중에 감동의 쓰나미가 휩쓸며 이제껏 스스로에게 너무 혹독하게 굴었나 싶었다.

일주일씩이나 자리를 비워 직장에 눈치가 보이는 건 어쩔 수 없었지만, 한편으로 무거운 짐을 내려놓고 나니 이제야 내가 오롯이 보였다.

열이 펄펄 불덩이 같은 몸에 케케묵은 기침에 목소리가 나오지 않았지만 제일 편한 공간인 방에서 그것도 한창 일할 시간에 누워있다는 사실에 무척 행복해하는 나.

이틀은 사랑하는 음식과 유튜브를 멀리한 채 잠만 잤고 이틀은 잠이 오지 않아 몸이 아픈 게 너무 괴로웠고 다섯째 날이 되자 조금씩 눈과 귀가 열리면서 입맛까지 살아나기 시작했다.

조금 심심하다고 느낄 무렵, 지구 반대편에 있는 나의 절친으로부터 연락이 왔다.

"뚜르르르르르 띠딕. 헤이~ 쥐민!!
너 몰골이 왜 그래?"

당연한 물음이었다. 며칠 제대로 씻지도 먹지도 못한 사람의 몰골이 처참할 수밖에. 몇 달 만에 이뤄진 통화였지만 우리는 마치 어제 만난 사람처럼 수다를 떨다가 눈물을 훔치다가 다시 입이 찢어질세라 웃기를 반복했다. 마음만은 항상 곁에 있는 친구를 향한 그리움이 더욱 짙어지는 밤이었다.

다음날, 잔뜩 눈물을 흘렸던 탓인지 눈이 떠지지도 않을 정도로 퉁퉁 부은 모습을 거울로 보며 혼자서 한참을 웃다 갑자기 머릿 속의 초인종을 꾹 누르고 싶어졌다. 용기를 장착한 채로 말이다.

'나, 네가 있는 곳으로 가야겠어. 너와 함께라면 행복한 나를, 우리를 되찾을 수 있을 것 같아.'

몇 달 몇 년을 고민하던 일들을 격리 중에 갑작스레 결심하고 일사천리로 미국행 비행기 티켓을 끊었다. 격리가 끝나 방에서 탈출하자마자 가족들과 주변에게 이 소식을 알렸다.

1단계 놀람 2단계 회유 3단계 걱정. 모두 같은 반응이었다. 일주일 동안 도대체 무슨 일이 있었던거냐며, 충동적인 결정인지 아닌지 확인하기에 급급해보였다. 이미 마음 속 깊은 곳에 꽁꽁 숨어있던 용기 버튼은 아무도 모르게 (나조차도 모르게) 눌러졌고, 이젠 주변의 걱정따윈 내 결정에 어떠한 영향도 미치지 못했다. '나는 지금의 '나'로부터 벗어날 수 있다. 4달 뒤면 나는 지금의 '나'가 아니다' 란 생각만이 가득찼던 순간이었다.

그날만을 기다리며 지금껏 발산하지 못했던 에너지를 직장에서도, 일상에서도 쏟아냈다. 여행이란 좋은 명분으로 처음으로 손톱 발톱에 화려한 색을 입히고, 다이어트까지 하며 돈도 왕창 쓴 '갓생'으로 지냈던 넉 달이었다. 유창하지 않은 영어 따위 걱정되지 않았다. 뉴욕행 티켓을 쥔 나는, 더 이상 걱정으로 삶을 채운 내가 아니었다. '난 역시 좀 특별해'라며 마치 영화 주인공이 된 것 마냥 싱글벙글 하루하루를 보냈다.

이제 와 돌이켜보면 순식간에 결정된 미국 여행은 결코 녹록치 않았다. 퇴근 후 허겁지겁 달려간 인천공항은 코로나 기간에 많은 변화를 겪은 듯했다. 처음으로 무인으로 자동출입국 심사를 진행할 때부터 실소가 터졌다.

20살에 재발급 받았던 여권 사진과 얼굴이 달랐던지 기계는 연실 큰소리로 빽빽 울어댔다. 창피한 마음에 시뻘겋다 못해 불타는 고구마 같은 얼굴로 아무것도 하지 못하고 얌전히 그 자리에 정지된 채 서 있었다. 결국 직원분이 오셔서 가끔 있는 일이라며 웃는 얼굴로 통과시켜주셨고 무안한 얼굴로 "그럴 수도 있죠"라며 후다닥 자리를 피했다.

어른이 되고 첫 해외 여행, 시작부터 순탄치 않았지만 오히려 영화 속 주인공의 서사를 잔뜩 부여하며 설렘을 가중시켰다.

비행기 안을 두리번 거리며 좌석에 앉자마자 나를 기다렸다며 쪼르르 달려와 경유지까지 12시간을 쪼그려 앉아 대화하다 친해진 카타르 항공 스튜어디스 언니와의 첫 만남이 아직도 생생하다. 아직까지도 인스타그램으로 종종 연락을 주고 받는 사이로, 한국에 오면 꼭 만나기로 약속한 것까지 여전히 신기할 따름이다.

내 이름 '정지민'이 전 세계 소녀들의 마음을 울린 방탄소년단의 멤버 지민과 같다는 순전히 단순한 이유였다. 누가봐도 영어 이름이 아닌, 대한민국에서 흔하디 흔한 내 이름을 지금까지 정확히 발음 한 사람이 없었는데, 이제는 뉴욕 한복판 스타벅스에서도 "same name as BTS jimin" BTS 지민과 같은 이름이라고 말하면 굳이 스펠링을 불러주지 않아도 단번에 알아듣고 써준다는 사실에 국뽕이 차오르는 순간들을 자주 경험했다.

 승객 정보에 자신이 좋아하는 가수의 이름과 같은 사람이 탔단 이유로 먼저 다가와 준 언니(사실 아직까지 나이를 몰라 언니가 아닐 수도 있음)는 열 시간이 넘는 비행이 심심해하던 나를 향해 다가왔다. 복도에 자리를 깔고 앉아 한국 문화에 대한 이야기부터 서로에 대한 이야기까지 꽤 심도 있게 나눴다. 별볼일 없는 서투른 영어 실력으로 개떡같이 말해도 찰떡같이 알아듣는 그녀가 신기해서 더 신나게 대화를 시도했고, 덕분에 순식간에 뉴욕에 도착할 수 있었다.

 내리기 직전, 그녀는 급히 메모장에 본인의 인스타그램 아이디와 짧은 편지를 건네주었다. 우린 그렇게 친구가 되었다. 한국 땅을 뜨자마자 생긴 기적같은 일이었다.

 흥미롭게 룰루랄라 BTS노래를 들으며 도착한 JFK공항에 몇 시간 전, 총기가 발견된 바람에 입국심사에 5시간이나 소요되는 우여곡절도 있었지만 미국 여행 카페에서 하루 전 알게 된 동행인과의 만남으로 다시 한번 도파민이 잔뜩 분비됐다. 이처럼 우연은 뜻하지 않게 찾아와 내 삶에 생기를 불어넣었다.

 이름도 나이도 사는 곳도 모르지만 단지 한국인이란 이유로 낯설고 생경한 느낌의 환상과 낭만이 가득한 미국 제일의 도시, 뉴욕에서 우리는 만났다. 숱한 걱정이 부끄럽게도 타지에서 만난 한국인과는 급속도로 친해졌고 놀랍게도 '미국 여행을 함께 하기 위해 급조되었던 동행자'에서 '뉴욕에서 운명처럼 만난 친구'가 된 2023년이다.

헤어지기 아쉬운 마음에 계획에 없었던 장소도 가보고 많은 사진을 남겼고, 지금까지도 그런 추억을 함께 공유하는 사이가 되었다. 인생 첫 혼자 여행에서 첫 동행을 구해 지금까지도 친하게 지내는 그녀는 이런 우연이 인연으로 이어지는건 결코 흔한 일이 아니라고 한다. 우여곡절을 겪으며 버텨온 나의 이십대 초반, 피부로 느꼈던 여러 경험이 '마냥 의미 없이 지나가진 않았다. 홀로 외딴섬에 버려져도 먹고 살 수 있겠다'고 생각한 계기가 되었다.

큼직한 나라에서 뚝딱대며 거리를 떠도는 혼자만의 시간이 익숙해질 무렵, 여행을 마음먹게 한 나의 사랑하는 친구와 재회한 그 순간은 영영 잊을 수 없는 인생의 한 장면이 되었다.

후광이 비치며 눈물이 차오르던 그 순간. 순식간에 많은 감정이 스쳐갔다. 매일 학교 가고싶을 정도로 즐겁게 고등학교 생활을 함께 보내다 갑작스레 미국을 가게 된 내 사랑 알렉스, 알렉스가 없는, 홀로 남은 고등학교 생활은 외롭고 허탈하게 마무리되었다.

그리고 성인이 된 지금, 내 눈앞에는 시끄럽게 삐까 뻔적한 올블랙 벤츠를 끌고 등장한 알렉스가 있다. 오우 쟤가 내 친구 라고? 어색한 감정이 스멀스멀 올라오기도 전에 "쮜미나~보고 싶어써엉~~" 익숙한 목소리에 벌렁거리는 콧구멍과 움찔거리는 입술. 주체할 수 없는 감정이 몰려들었다.

외모는 달라져 있지만 서로를 생각하는 마음과 만나기만 하면 모터달린 듯 콩글리쉬와 요상한 한국어를 섞어 수다 떠는 변치 않은 입을 보니 영락없는 내 친구 알렉스였다. 끌어안고 팔짝팔짝 뛰다가 푸짐해진 서로의 몸을 만져대며 안부를 물었다.

마치 청춘 드라마의 한 장면같이 상봉한 우리는 생각지도 못한 난관에 봉착하는 바람에 미국 경찰한테 혼나기도 하고, 잘생긴 이탈리안 웨이터에게 대쉬 받고 좋아하다 늙은 변태 백인 아저씨 때문에 수치심도 느껴보고 도로 한복판에서 타이어 펑크가 나서 지나가던 19세 흑인 무명 가수의 도움을 받아 한밤중에 집에 돌아갔던 수많은 에피소드들이 무미건조했던 나의 20대를 찬란하게 만들어주었다.

아직은 부족하기에 롤러코스터를 탄 듯 감정이 오르락 내리락 반복하지만 결론은 알렉스는 내 베프가 확실하단 사실이다. 서로의 부족함은 우리의 관계에 아무런 영향을 미치지 못했다. 그 너머로 우리에겐 끈적한 우정이 있었다.

순탄하지 않았던 나의 이십 대 초반, 일주일간의 짧다면 짧고 길다면 길었던 (마지막 날엔 조금 집에 가고 싶었기에) 미국 여행을 계기로 많은 변화가 생긴 2023년, 그리고 내가 되었다.

　지금의 '나'는 만족스럽지 않지만 조금만 변화의 시간을 준다면 만족스러운 '나'가 될 수 있단 사실을 알아차린 것만으로도 첫 여행은 그 자체로 의미가 있었다. 언제 어디서든 나다움을 지키는 것도 중요하지만 미쳐 몰랐던 새로운 나다움을 찾아가는 과정 또한 즐겁다는 사실도 깨달았다. 언제 어디서든 새로운 나다움을 찾을 수 있는 능력을 장착하고 지금의 '나'를 단단하게 지탱해주는 힘까지 얻었다.

　누구에게나 힘든 순간은 찾아온다. 지금이 영영 끝나지 않을 것 같아 막막할 때도 있다. 그럼에도 불구하고 나만의 전환점을 갖고 있으면, 이겨낼 수 있는 노하우가 쌓일 것이다. 흐르는 시간에 따라 생기는 물결 속에서 흘려보내기도 흘러들어오기를 반복하며, 새로운 물결이 생겨 큰 파도가 되기도 잔잔한 파도가 되기도 한다. 어떻게 해결해야 하는지 열쇠를 쥐고 있는 것만큼 든든한 버팀목은 없기에 모든 시간과 순간은 생기를 불러일으키는 손길임이 틀림없다.
　그 손길을 소중히 간직하고 싶다. 내 사람들과 함께.

소변이 요강에 정조준되던 순간

　어릴 적부터 만나는 사람마다 "너는 무슨 말을 세상 다 산 사람처럼 말하니?"라며 나이답지 않다는 얘기를 줄기차게 들어왔다. 말하는 억양이며 사용하는 단어며 요즘 애들 같지 않다고 말이다. 거기에 제일 좋아하는 아이스크림이 비비빅이라고 씩 웃어 보이면 "어우, 애 늙은이야 뭐야"라는 놀리는 이들이 많았고 "얼마나 맛있는데요, 제일 좋아하는 과자는 맛동산이에요!"라며 이 상황을 마냥 즐기고 있다는 의기양양한 미소와 함께 맞받아치곤 했다.

　나의 특별한 입맛은 그냥 만들어지지 않았다. 부모님께서 맞벌이하시는 동안 무뚝뚝한 아들 둘을 키워내신 할머니, 할아버지와 많은 시간을 보냈던 결과다. 애지중지 무한한 사랑을 받은 첫 딸 겸 손녀딸이었던 나는, '하지 마!' '안돼!' 같은 부정적인 얘기 한 번을 들어본 적없이 곱게 자랐다. 아무 맥락 없는 말이어도 손녀딸이 하는 말이라면 따뜻하게 받아주었던두 분과의 추억은 아직도 가슴을 저릿하게 만든다.

　어린이집 하원 후 할아버지 손을 잡고 어린이대공원 벤치에 앉아 새우깡을 먹으며 비둘기에 둘러싸인 바람에 뿌엥 울었단 이야기, 놀이터에 가서 모래사장에 있는 그네를 타다가 뒤집어져 입속에 모래가 잔뜩 들어가 세상 떠나갈 정도로 울었단 이야기는 지금까지도 뵈러 갈 때마다 말씀하시는 레퍼토리다. 이제는 가까운 거리에서 자주 왕래하고 지내는데도 돌 때 입었던 한복을 꺼내서 보여주시거나 '너 올 날만을 기다리며 식혜를 만들었다'고 매번 살뜰히도 챙겨주시면 그 고마움에 남몰래 눈물을 훔치곤 한다. 작년부터인가 새로운 레퍼토리가 추가됐다. 어느덧 나에게 직장도 생기고 꽤 어엿한 어른다운 외양을 갖게 된 탓인지 지금까진 말씀하시지 않았던 섭섭함을 하나 둘 토로하시기 시작하셨다.

내가 두 번째로 좋아하는 과자 또한 물론 잘 아시고 사다 두신 매운 새우깡을 와그작 와그작 티브이를 보며 먹고 있었던 때였다. 나를 곁눈질 하며 보시던 할아버지가 스리슬쩍 운을 떼신다.

"너 내가 5학년 때인가? 학교 앞에 마중 나갔는데
도망친 거 기억나냐?"

듣자마자 벙찐 얼굴로 이게 무슨 말씀이시지? 내가 언제 그랬지 싶으면서 눈동자가 대차게 흔들렸지만 일단 서운함이 잔뜩 묻은 목소리에 "난 기억이 안 나는데? 진짜야?" 일단 시치미부터 뚝 떼었다.

그리고 찬찬히 기억을 되짚어보니 하교 후에 말없이 나타난 할아버지가 보였지만 친구들과 한 피구 약속 때문에 도저히 할아버지에게 다가갈 수 없었다. 그래서 운동장 계단을 뼁 돌아 몰래 친구들에게 갔던 흐릿한 기억이 점점 선명해졌다. 할아버지가 나를 못 보셨으면 하는 마음이 컸던 탓에 그리 기억하고 있었던 것 같다. 하지만 비슷하게 생긴 아이들이 수두룩 빽빽일지라도 할아버지 흐릿한 눈에는 멀리서도 나만 선명하게 보였다는 것을 그때는 전혀 눈치채지 못했던 마냥 어리고 어렸던 어린이였다.

처음 이 이야기를 들었을 땐 끝까지 기억이 안 나는 척했고, 두 번째 들었을 땐 "아마 할아버지를 못 봐서 그랬을 거야"라며 조금의 변명을 섞었고, 세 번째부터는 미안하다는 말이 가느다랗게 튀어나왔다. 멀리 있는 우리가 보고 싶다는 단순한 이유로 몇 시간씩이나 버스를 타고 인천에 올라오실 때면 매일을 멋진 정장을 차려입으시고 등하교를 함께하셨던 할아버지였건만. 어느새 좀 컸다며 모른 척했던 게 할아버지에겐 적잖은 충격이었던지, 오죽하면 몇 번을 말씀하실까 싶어 굳이 변명하고 싶지 않았다.

초등학교 때 무렵 시골로 내려가신 두 분을 보러 방학이 시작되면 홀로 집을 떠나 한두 달씩 지내곤 했다. 빠른 성장 속도를 지녔던 난, 이미 몸뚱어리는 어른 행세를 하고 있음에도 할머니 할아버지 눈에는 마냥 응애 울던 애기였다. 시골집에서의 생활은 우리 집과 다르다 못해 아에 다른 사람처럼 지내야만 했다. 밤이 되면 굳이 화장실에 가지 않고 얄팍한 집중력으로 한 치에 오차도 없이 소변을 요강에 정확하게 조준해야 한다는 점과 냉장고에서 끝없이 나오는 음식들을 먹어도 먹어도 배부르다고 할 수 없다는 점을 꼽을 수 있다.

　　자라면서 입맛과 성격이 변화되었지만 할머니 할아버지 앞에서만큼은 업데이트되지 않았다. 그 시절에 멈추고 싶으셨던 두 분의 마음이 내게도 오롯이 전달되었기에.

　　더 이상 나의 취향이 아니었지만 어린 나이였음에도 그들의 눈썹이 찌푸려지는 걸 보고 싶지 않은 마음에 특별한 음식인 마냥 맛있게 먹었다. 우리 집엔 비데가 있어 얼마든지 스스로 용변을 처리하는 얌팡진 어린이가 됐지만 시골집에선 배를 부여잡고 화장실로 향하는 나에게 "다 싸면 할머니 불러~"라는 말에 부끄럽지만 "할머니 다 쌌어~"라고 소리치고 빨개진 얼굴은 다리 사이로 숨기고 엉덩이는 잔뜩 솟아 올린 후 할머니를 기다리던 어리 버리 빈틈 많은 어린이었다. 혼자 샴푸에 린스까지 야무지게 머리도 감고 양치도 할 수 있었음에도 잠들기 전 욕조에 미리 물을 받아놓으신 할머니가 얼른 옷 벗고 들어오란 말에 나는 손을 쓸 수 없는 사람처럼 뜨거운 욕조에 얌전히 들어가 이제는 나보다도 작은 할머니 손에 벅벅 씻겼다. 집에선 7살 차이 나는 동생을 둔 든든한 장녀였지만 시골집에서만큼은 타고난 씩씩함을 숨기고 아기 취급을 받는 게 마냥 싫지만은 않았고, 잠에 들 시간이면 할머니 할아버지 가운데에 쏙 들어가 오른쪽 왼쪽 골고루 두 분을 섭섭하게 하지 않겠다는 마음으로 뒹굴뒹굴하며 폭 안기곤 했다. 모든 사랑을 독점하는 일상은 그저 행복할 따름이었다.

남자 중에 남자! 해병대 출신으로, 머리부터 발끝까지 해병대 마크가 새겨진 새빨간 옷만을 입으셨던 우리 할아버지. 어딜 가든 해병대 후배들에게 경례를 받으시던 카리스마 넘치는 할아버지를 바라볼 때면 언제나 내 눈은 반짝였다. 시장으로 장 보러 가실 때면 자전거 뒤에 보조 의자를 설치해 나를 태우시곤 했는데 어느새 엉덩이가 꽉 낄 정도로 몸집이 커져 욱여넣어야만 했다. '이제는 뒤에 못 태우겠다'라는 말을 듣고 싶지 않아 아무렇지 않은 척 눈을 말똥히 뜨고 "괜찮으니까 출발해요"라고 외쳤다. 그때는 몰랐다, 내 엉덩이가 커지는 만큼 할아버지의 힘은 약해져만 간다는 사실을.

원체 외향적인 성격이셨던 할머니는 이웃 할머님들과 알음알음 가깝게 지내셨는데 시골에 내려가면 어딜 가시든지 항상 약속에 나를 애착 인형처럼 데려가셔서 "얘가 내 손녀딸이여 이쁘지? 다 크면 미스코리아 나갈 거야"라며 자랑하시곤 했다. 어린 나이에 미스코리아가 뭔지도 몰랐지만 할머니 연세엔 최고의 칭찬이라는 게 느껴져 부끄러우면서도 내 어깨는 하늘로 치솟았다. 옆에서 뻘쭘하게 서 있었던 건 잠깐 적응은 빨라 미세하게 다른 파마머리를 한 여러 할머님들과 자연스레 대화를 주고받는 건 더 이상 어려운 일이 아니었다. 오히려 몹시 넉살 좋은 어린이가 되어갔다.

교육열이 뜨거운 대한민국에서 교육받는 평범한 학생으로 살면서 자연스레 시골에 내려가는 횟수가 줄어들어 결국 거의 가지 못하는 상황까지 일렀다. 죄송스러운 마음에 자주 전화드렸지만 영 성에 차지 않으셨는지 전화를 끊을 때마다 할아버지 할머니의 아쉬운 한숨이 들렸다. 그럴때면 애꿎은 학원과 즐비한 숙제가 원망스러웠다.

평소와 같이 습관처럼 우리집 현관문 우체통에 손을 넣었다. 손바닥보다 조금 큰 노리끼리한 종이에 우표가 이미 그려져있던 신기한 편지지가 들어있다. 맞춤법과 띄어쓰기까지 완벽한 멋있는 글씨체로 꽉 채워져 우리 집으로 보내진 셀 수없이 많은 엽서들. 할아버지는 젊으실 적에 먼 나라에서 미장일을 하셔서 가족들과 유일한 연락 수단이었던 편지에 사랑하는 마음을 전하셨다고 들었는데 몇십 년이 훌쩍 흘러 애틋한 마음은 나에게로 향하면서 어느새 우리 집엔 할아버지의 사랑이 하나 둘 쌓이기 시작했다. 신기하게도 할아버지의 사랑 방식을 아빠가 똑 닮으셨다. 글에는 마음이 녹아있다는 것을 누구보다도 잘 아셔서일까? 15살 극도의 사춘기 시절 1년간 홀로 타지에 떠나있었을 때, 매주 넉 장 정도의 국제우편을 보내셨던 우리 아빠.

그 안엔 보고 싶은 딸을 그리워하는 마음, 딸내미가 빠진 가족은 완전하지 못하단 이야기, 어린 남동생이 말썽꾸러기지만 훌륭하게 자라고 있다는 이야기, 꼭 마지막엔 어른들에겐 항시 예의를 갖추고 최선의 태도를 보이라는 잔소리까지 빽빽하게 채워져 있었다. 사실 그 당시엔 아빠의 마음을 저장할 여유도 없고, 읽다 보면 더 그리운 마음이 커져서 마구 흘러내리는 눈물을 주체하지 못하고 읽다 만 적이 한두번이 아니었다. 우연히 청소하다 발견한 그 당시들의 편지들을 보니 나를 사랑하는 마음만 닮아있는 게 아니라 글씨체까지도 똑 닮아있단 사실이 오랜만에 눈물샘을 자극한다. 할아버지와 할머니의 품성을 닮은 아빠, 그리고 이젠 아빠의 품성을 닮아가는 나를 볼 때면 다시 한번 할아버지와 할머니가 그리워진다.

우리 할머니, 할아버지의 넘버원은 누가 뭐래도 '나'다. 아빠가 건 줄 안 전화의 주인공이 나일 때 "우리 이쁜 지민이구나~"하고 두 옥타브는 올라간 목소리로 바뀌시는 두분. 언제나 내 이름 앞에 애정어린 형용사 '이쁜' 혹은 '보고 싶은'이 붙는데 옆에서 지켜보시는 아빠는 어이없어하시면서도 픽 웃는다. 본인에겐 팍팍했던 부모님이 손녀 딸 앞에서는 한없이 부드러워지는 모습을 보는 게 싫지 않은 눈치다. 여전히 패션 감각이 뛰어나신 두 분의 진가는 교회 가는 일요일에 한껏 발휘된다. 깔별로 갖고 계신 정장은 빤짝이는 구두와 언제나 짝꿍이고, 멋쟁이 중절모까지 쓰면 패션의 완성이다.

하지만 요즘은 반짝이는 옷에 감춰있던 두 분의 깊어지는 주름이 먼저 보여서 생각이 깊어진다. 부모님보다 더 자주 뵙지도, 사랑을 표하지도 못하는데도 불구하고 한결같이 사랑을 주실 때마다 이유 없는 사랑의 무게에 묵직한 감동을 느낀다. 대가 없이 모든 것을 쏟아붓는 그 사랑을, 그 시간들이 지금의 나를 굳건히 버티게 하는 힘이 되고 있다.

영원한 것은 없다는 불변의 진리가 내게도 불현듯 찾아올까 무서워 달력을 넘기는 것이 무서운 요즘이다. 이 나이가 될 때까지 넘치는 사랑만 받아왔는데 받는 사랑에 익숙해진 탓인지 간혹 서러웠던 마음을 보살펴 주시지 않는 어른들에게 애꿎은 투정만 부렸던 것 같아 이 글을 쓰면서 괜스레 시큰해진다. 누군가의 건강을 바라는 마음이 이토록 처량할줄 미처 몰랐다. 내 마음은 쥐뿔도 신경 쓰지 않고 그저 흐르는 시간이 때때로 야속할 때가 있다. 그래서 나 자신에게 되묻곤한다. 지금 이 순간, 후회없이 감사함을 표현하고 있는지.

우리 엄마는 힘이 세고 요리를 잘해요

"우리 엄마는 힘이 세고 요리를 잘해요"

엄마가 알고 있을지 모르겠지만 어릴 적부터 어딜 가든 엄마는 나의 가장 첫 번째 자랑거리였다. 유년 시절 키가 크다는 이유로 선생님에게 추천받아 시작했던 짧은 운동선수 시절이 엄마의 성장기에 큰 영향을 미쳤는지 언뜻 봐도 건장한 여성으로 자랐다. 운동한번 안한 나도 이토록 건장한 것을 보면 순전히 유전적 이유였을지 모른다. 엄마한테 혼날 때는 엄마의 커다란 몸과 손이 나를 더욱 겁먹게 했지만 언제 그런 일이 있었냐는 듯 화해하고 배드민턴을 함께 치며 순식간에 사그라드는 우리였다.

엄마와 함께 땀 흘리며 운동했던 기억들도 소중하다. 저녁 식사를 마치고 소화시키기 위해 동네 한 바퀴 돌다가 친구를 만나기라도 하면 괜히 보여주기식으로 더 열심히 줄넘기도 하고 훌라후프도 하고 자전거도 탔던 거 같다. 엄마와 이렇게 즐거운 시간을 보낸다는 걸 자랑하고 싶었던 마음에서 말이다.

어느덧 20년이 훌쩍 흘러버린 지금, 엄마는 더 이상 튼튼하지 않다. 하나뿐인 딸내미가 초등학교에 입학하면서 엄마는 10년 넘게 일하셨던 직장을 그만두셨다. 7살 차이 나는 동생이 태어난 것도 여러 이유 중 하나였다. 등하교를 항상 함께해 주셨던 다정한 엄마는 내 입맛에 딱 맞는 손맛으로 생일이면 집에 친구들을 초대해 직접 요리를 해주시곤 했다.

 1학년 때 생일잔치를 무사히 마친 다음 날이었다. 쿵 쾅쾅! 전날 재료가 남아있다고 아침부터 탕수육을 튀겨주시다가 뜨거운 기름이 잔뜩 들어있던 프라이팬이 엄마의 몸에 몽땅 쏟아지고 말았다. 잠이 덜 깨어 비몽 사몽한 상태였지만 엄마의 놀란 얼굴과 어찌할지 모르셨던 허둥지둥하는 움직임이 여전히 생생하다. 그런 상황에도 걱정 말고 학교부터 가라며 나를 안심시켜 주셨던 엄마.

 맛있고 건강한 간식을 만들어주겠다며 사실은 식비를 아끼기 위함이었지만 요리책을 펴고 식빵을 만들어주시기 위해 이것저것 도구를 꺼내 뚝딱 반죽을 만드셨다. 띵! 거의 2시간의 기다림 끝에 오븐이 완성됨을 알린다. 김이 모락모락 피어나는 오븐에서 꺼낸 빵은 이상한 모양새를 하고 있다. 식빵보다는 술떡에 가까워 보였고 냄새를 맡아보니 조금 탄 냄새가 난다. 조심스럽게 추측해 보자면 레시피대로 하지 않으신 게 분명하다. 보이는 게 뭐가 중요한가? 맛은 더할 나위 없이 맛있었다. 우유와 함께 먹으면 입에서 순식간에 녹았다. 이후로도 엄마에게 카스텔라 맛이 나는 식빵을 만들어 달라며 우리만 아는 맛의 빵을 종종 만들어주셨고 나는 언제나 맛있게 먹었다.

 나이가 한 살 두 살 넘어가며 더 이상 엄마가 사다 주시는 옷이 취향에 맞지 않아 함께 나섰다. 몇 안 되는 나의 예민한 구석 중 하나는 패션이었다. 패션 스타일은 그 시절 가장 큰 관심사였기에 까다로운 사춘기 소녀의 심기를 건드리면 왈카닥 뒤집어지는걸 막기 위함 그리고 마땅한 먼 거리 외출사유로 인천에서 가장 번화가였던 부평으로 향했다. 튼튼한 다리를 가진 우리 모녀는 부평문화의 거리를 누볐고, 시시콜콜한 이야기를 나누며 길거리 음식을 하나씩 사 먹었다. 지하상가에서 오천 원 만 원 하는 옷들을 수십 번 고민하며 사는 재미도 쏠쏠했다. 다른 친구들은 친구와 하는 쇼핑이 좋다고 하는데 친구와 가면 돈도 부족하거니와 대충 보고 사라는 얘기가 싫어 단도직입적으로 솔직하게 평가해 주는 엄마와 함께하는 게 오히려 편했다. 심지어 함께 쇼핑하러 나가면 "언니 아니에요?"라는 말도 종종 들었다. 인정하고 싶지 않았지만 나보다 눈 코 입 모두 뚜렷하고 예쁜 엄마의 외모 칭찬이 듣기 싫지만은 않았다. 그래도 내가 보기엔 전혀 다른 우리 둘인데 딸이 엄마를 똑 닮았네~라는 말은 왜 아직도 썩 기분이 좋지만은 않은지 의문이다. 매주 교회 가는 일요일이면 귀가 닳도록 듣는 말인데도 말이다.

남들 눈엔 똑같이 생긴데다가 자주 놀러다니니 둘도 없는 모녀지간으로 보일 터, 그렇지만 엄마에게 지금껏 불만을 가진 점이 있다. 경청하기보단 감정을 터뜨리기부터 하는 것, 참고 인내하지 않는지에 대한 서운함은 조금씩 쌓여만 갔다. 사춘기를 좋은 방패로 쓰던 나에게 엄마한테는 그 무엇도 무력해 대립상황이 잦아졌다. 꽤나 질풍노도의 시절을 보내면서 엄마로부터 나만의 지지 않는 방법을 찾기도 했었다. 아무리 나에게 뭐라고 해도, 가끔은 매를 들어도 눈물을 꾹 참으며 찍소리하지 않는 것. 생각나는 대로 다 내뱉고 하고 싶은 대로 하는 엄마와 다르게 나는 꾹 참을 수 있는 사람이란 걸 보여주는 게 내 유일한 반항이었다. 나중에 들어보니 그게 엄마의 화를 더 돋우었다는.

우리가 티격태격하는 하면 피식 웃기만 하며 대부분 방관자의 역할을 하던 아빠와 엄마가 간혹 목소리 높여 싸우기라도 하면 나는 뭐가 그리 속상했는지 눈물이 쏟아졌다. 그리고 방문을 열고 소리쳤다. "둘이 그렇게 싸울 거면 나가서 싸워!! 집에 아기도 있는데 그런 모습 보여주고 싶지 않아"하며 목청 놓아 울기도 했고 어쩔땐 엄마나 아빠 중에 보이는 아무 다리를 붙잡고 늘어지며 그만하라고 말리기도 했었다. 나에겐 언제나 무력을 행사하던 강한 엄마가 약해지는 모습을 보는 게 힘들기도 하였고, 어린 동생이 나와 같은 불안을 느끼지 않으며 자라길 바라는 마음에 나섰던 모양이다. 그렇지만 상황 종료가 된 이후에 먼저 나서서 이 일들을 언급한 적은 없다. 가슴 한편 생긴 나의 상처가 그들에겐 더 클까 봐.

어딜 가든 덩치 크기로 서러울 일 없었던 내가 언제나 폭 안길 수 있었던 존재 우리 엄마. 엄마에겐 항상 좋은 냄새가 나 지금까지도 엄마한테 안기면 금세 행복해진다. 머리를 복잡하게 하는 모든 걱정, 고민을 사라지게 하는 마법을 일으키는 엄마의 품. 엄마의 포근하면서 부드러운 살냄새. 나에게만 좋게 느껴지는 건지 궁금하기도.

종종 여러 음식들의 냄새가 섞일 땐 눈살이 찌푸려지기도 했지만 엄마의 살냄새는 웬만하면 흐릿해지지 않는다. 맡기만 해도 순식간에 안정을 찾게되는 엄마의 냄새가 영원히 폴폴 나길 바란다. 하루 종일 요리하느라 나는 음식 냄새 말고 하루 종일 일하느라 나는 땀 냄새 말고 오롯이 엄마 냄새만 풍겨지는 날이 어서 오길 기다린다.

삼 남매 중 둘째로 태어난 엄마는 유명한 드라마 응답하라 시리즈 중 1988을 가장 좋아하신다. 아마도 이리저리 치여도 밝은 얼굴을 유지한 채 악착같이 살아가는 여주인공 덕선이에게 엄마의 모습이 보여서 아닐까? 집에 막냇동생인 삼촌 친구들이 놀러 올 때면 라면과 계란후라이를 해주던 누나이자 큰언니였던 이모와 투닥거려도 한방을 쓰면서 일단 한발 물러서는 동생이었던 엄마에게 왜 서러움이 없었겠는가. 자식 둘 키우랴 직장 생활하랴 제대로 쉬는 시간 없이 일하고 오십을 넘어 마음만은 소녀인데 몸이 말을 듣지않는 중년의 여성이 되어버린 사실을 받아들이지 못하는 우리 엄마. 아직도 엄마 연세를 묻는 말에 "서른여섯이요"라고 답한 기억이 선명하다.

그때 유독 나에게 묻는 사람이 많았었나? 아님 서른여섯의 건강했던 엄마를 너무나도 사랑하고 있었나?

집에 같이 있을 때면 자꾸 나를 부르는 목소리가 들려온다. 바늘에 실 좀 꿰줄래~ 와이파이 비밀번호 좀 불러줘~ 종아리 좀 주물러줘~ 노안이 와서 눈앞에 글씨가 안 보이고 한 시간 산책 후엔 무릎이 아파지고 퇴근하고 나면 진이 다 빠져 소파에 뻗어

있는 모습을 보면 나와는 거꾸로 흐르고 있는 엄마의 시간을 다시 한번 체감한다.

그럼에도 누구보다도 가족을 사랑하고 모든 일에 자신의 일인 것처럼 진심인 우리 엄마를 요즘은 가만히 관찰하다 보면 엄마만의 사랑스러움이 묻어 나와 웃음 짓다가 두 울적 하기도. 그 누구도 무엇도 엄마의 사랑스러움을 해치지 않길 바란다.

여전히 빨간머리 앤 같이 풋풋한 소년 소녀의 사랑 이야기를 좋아하고, 잘생긴 얼굴에 넉살까지 좋은 세계적인 아이돌을 좋아하는 우리 엄마. 우리 가족의 생계를 위해 무거운 어깨의 짐들을 하나 둘 내려놓고 엄마가 좋아하는 것에 웃음을 잃지 않으며 숨 쉴 구멍을 항시 열어놓고 살아주길 바란다. 희생 따위 그만하고 온전히 엄마만을 위한 하루를 보내길 간절히 바라본다.

엄마와 딸의 관계는 무엇인지 정의하기 어렵지만 오늘이 마지막인 것처럼 서로를 애틋하게 여기는 마음, 약점을 갖고 헐뜯기 바쁜 세상에서도 등을 내어줄 수 있는 사이, 그래서 그 따뜻하고 포근한 품에 오래도록 기대고 싶은, 수없는 후회와 사랑으로 얽혀있는 관계가 엄마와 딸 사이가 아닌가 싶다.

고등학교 때 쓴 시가 문득 떠오른다.

엄마의 내일은 내 일이다.

전지적 지민시점 2.
회복탄력성이라 말하고 적응이라 쓴다.

'회복탄력성'
실패를 경험하고 다시 일어설 수 있는 능력.

긍정적인 사람일수록 회복탄력성이 좋다고 한다. 스스로 긍정적이라고 생각한 적 없었는데 최근 회복탄력성이 좋아보인다는 이야기를 자주 듣고 있다. 처음엔 내가? 싶었는데, 어쩌면 맞을 수도 있겠단 생각이 스멀스멀 차오른다.

그저 크고 작은 실패에 익숙해 어떤 일이 닥쳐도 빠르게 적응하는 편이라고 생각했었다.
저를 제일 가까이에서 지켜보는 가족들이 항상 '쟤는 어디에 놔도 혼자 잘 먹고 잘살 애야' 라는 말을 듣고 살았기 때문에 나름의 어려움은 있을 테지만 결과적으로는 잘 헤쳐 나갈거라는 자신감은 항상 갖고 있었던 것 같다. 기대에 부흥하고 싶었던 욕심도 있었고.

이유없는 시련은 없다는 말, 실패에도 배울 점이 있다는 말 어릴 적엔 굉장히 싫어했었다.
공감해주기 싫어서 하는 어른들의 쉬운 위로라고 생각했었기에.

어느새 나이의 앞자리 숫자가 바뀌고, 생각지도 못한 주제들에 대한 고민을 하다보니 나도 모르는 사이에 정말 어른이 되었나보다.

그럴듯한 말로 포장한 듯 싶지만 얼마 전 머리를 강타한 거센 스트레스의 발생과 동시에 이번엔 또 어떻게 스스로 극복해갈지 기대가 되는 내 모습에 하루하루 충실하게 살아가며 변화되어 가고 있다는 확신이 섰다.

지금의 나를 만든건 '글쓰기'가 한 몫했다 생각한다.
하루 일과뿐만 아니라 오르락 내리락 감정상태와 이리저리 왔다 갔다하는 생각들을 시각적으로 표현하는 것은 '나' 와 솔직하게 마주하고, '나'에 대해서 깊이있게 알아가는 가장 좋은 방법이기에.

활자의 힘은 생각보다 더 크다.
어떤 단어가 내가 표현하고 싶은 말들과 더 가까울지, 여러 감정들을 거쳐 생각의 종착지는 어디었는지, 고민하는 시간을 갖고 제 3자의 눈으로 보다보면 나다움에 대한 답을 알아차리게 될거다…
생각보다 별 일 아니었구나 하고 안심하기도 하고
생각보다 별 일 이었구나 하고 위로하기도 하고.

학창시절 문득 글쓰기에 흥미가 있다고 느꼈을 찰나 마음속에서 아주 작은 여러 도전의 메시지가 들렸었다.

일기를 좀 더 성의있게 써봐!
너만의 색깔을 가진 담백한 글을 써봐!

막상 목표가 점점 거창해지니 부담된다는 핑계로 몇 년을 흘려버렸다. 이후 특별한 일 하나 없어 단조로웠던 어느 하루에 작지만 힘있는 용기의 메시지가 도착했다.
"일단 당장 해보렴!"

이번 마음속 목소리에는 흔쾌히 응해주고 싶었다. 같은 실수는 반복하게 싫었기 때문에.
내심 쉽게 포기한 내 모습이 꽤 아쉬웠던 모양인지 하고자 하면 실행에 옮기는 사람이 돼보자고 스스로 다짐하며 다시 글을 가까이하기 시작했다.

일주일에 하나씩 쓰는것을 목표로 규칙적으로 글을 쓰다보니 글감이 필요했다. 머릿속을 어지럽게 스쳐가는 생각들은 많았지만, 아주 빨리 휘발되어 순식간에 공중분해되는 생각들에 미련이 철철 남을 때가 많았다.

그럴때마다 유감스럽게도 내가 나를 놓친 것 같아 붙잡아보고 싶은 간절한 마음에 핸드폰 메모장과 친해지기로 했다.
혹여 까먹을까봐 회원가입 해둔 아이디와 비밀번호로 가득 차 있던 메모장에 하나 둘 씩 머릿속을 투영하며 수많은 글들로 채워져 갔다…
열쇠의 기능만 하던 메모장이 아이디어 뱅크로 바뀌었더니 보기만해도 멜랑꼴리한 기분을 느껴 괜시리 더 들락날락 하던 내 모습.

마음속의 작은 목소리에 귀기울여 용기를 내었더니 크고 작은 변화가 생겼다. 너무 작아 잘 들리지 않았던 목소리들이 나의 선택을 응원해준다는 걸 아니까 조금씩 소리가 커지고, 잦아졌다.

별 볼일 없는 시덥지 않은 이야기에 경청해주고 공감해주는 이에게 진심에서 우러나오는 고마움을 느껴본 적 있지?
그렇기에 가장 먼저, '나'에게 고마움을 느껴야 한다고 생각한다.

아직 구멍 송송 뚫려있는 촘촘하지 못한 어린 어른이지만 그래도 아주 가끔은 여유로운 미소를 지을 수 있는 어른이 되었구나 싶은 생각이 들 때가 생기곤 한다.
아주아주 가끔.

내가 '나를 잘 아는구나'라는 생각이 들 때, 스스로 뭘 싫어하고 좋아하는지 명확히 알게 된 후로 싫은 건 최대한 피해 가려 하고, 좋은 건 가능한 찾아 가려 한다.
오롯이 '나'를 위해서.

준비되지 않았음에도 준비되어 있는 '척' 할 때 잘 가꿔진 회복탄력성을 발휘해야 할 때이다. 어떤 상황을 마주해도 믿고 싶은 대로 믿을수 있어 잘 포장된 나의 모습으로 보이게 할 수 있다.

사람이니까
사람이기에
가끔은 고꾸라질 때도 허우적거릴 때도 있지만,
언제 어디서나 떠있던 불빛이 더더 번쩍이는 빛이 되어
가슴속에 불을 지피게 될지도 모를걸.

제일 중요한 건 우리는 모두 알게 모르게 흔적을 남기며 보다 선명해지는 법을 터득하고 삶의 노하우와 내공이 쌓이고 있기 때문에 차라리 몰랐으면 하는 것들은 모른 채로 흘려버리고 따뜻한 온기를 지니며 견뎌내 보는 건 어떨까

혜자스러움

당차고 콧대 높은, 철없던 20대 혜자는 어느덧 여든을 바라봅니다. 세월은 속절 없는데 내 마음은 여전히 '소녀'시절 혜자에 머물러있습니다. 여든에도 '소녀'라는 표현이 좋으니 어쩌면 좋습니까! 또 글을 쓰다 보니 삶이 더 좋아지는데 어쩌면 좋습니까! 내 글 속의 마지막 문장은 앞으로 혜자가 살아갈 생을 대변합니다. 오늘은 내 생에 가장 젊은 날, 늙는다고 착각하지 말고 45년생 이혜자! 찬란하고 아름다운 삶에 감사하며 오늘이라는 시간을 더없이 즐겨보자. 삶은 살아볼 만하고 또 기꺼이 살아가야 합니다. 부디, 독자님들도 그러하시길 빕니다.

나는 1945년생 이혜자입니다.

1945년 3월 11일

나는 아버지 이춘근, 어머니 이채봉의 넷째 딸로 태어났다. 그 당시 우리 집은 서대문구 냉천동이었는데 바로 옆집에 일본 경찰이 살았다고 한다. 아버지는 지금의 산업은행 전신인 식산은행에 다니셨는데, 전쟁 막바지가 되자 지식인도 군인으로 징용된다는 말에 하는 수 없이 피신을 선택했다.

그래서 어머니는 만삭의 몸으로 홀로 세 딸을 양육했다. 아버지도 없이 얼마나 고생이 많으셨을지 지금도 가늠이 되지 않는다. 출산일이 임박해서야 아버지는 냉천동 집으로 미역을 사 들고 오셨다고 한다. 갓 낳은 나를 대충 싸서 눕혀 놓고 있던 찰나에 아버지가 오신 것이다. 아버지는 어머니를 다독이고, 겨우 열두 살밖에 안 된 큰 언니에게 엄마와 아기를 잘 부탁한다는 짧은 말을 남긴 채 급히 떠나셨다고 한다.

큰 언니는 고사리 같은 손으로 어머니께 미역국을 끓여 밥상을 정성껏 차려드렸다. 전쟁이라는 무서운 시련이 겨우 열두 살밖에 안 된 큰언니를 능력자로 만들었다. 그렇게 언니는 성숙할 틈도 없이 어른이 되었다.

아버지는 피신을 가기 전 언니를 데리고 금곡에 있는 어느 농장에 가셨단다. 만에 하나 무슨 일이 생기면 엄마와 함께 이곳으로 피신해야 하기에 이 길을 잘 기억하라는 당부와 함께 말이다. 언니는 이 길을 기억하기 위해 얼마나 많은 생각을 하며 걸었을까? 언니에게 이 길은 과연 어떤 의미였을까?

내가 태어난 지 한 달도 채 되지 않아, 아버지 말씀처럼 우리는 금곡으로 떠나야만 했다. 봄비가 추적추적 내리는 봄날이었다. 엄마는 궂은 날씨를 무릅쓰고 나를 업은 채 숟가락과 밥그릇을 싼 보따리를 머리에 이고, 큰 언니, 둘째 언니, 셋째 언니를 기저귀 끈으로 단단히 묶어 연결했다. 그렇게 기저귀 끈 하나에 언니들 모두를 연결했고, 서로가 서로의 연결 고리가 되어 잃어버리지 않도록 조심하면서 금곡행 기차역까지 걸어갔다.

그런데 이게 웬일인가! 그렇게 힘겹게 갔건만 여인과 아이는 자리가 없어 기차를 탈 수가 없었다. 하지만 방법이 영 없는 게 아니었다. 마침 기차 꼭대기에 탔던 아저씨들이 엄마와 우리 식구를 동여 맨 기저귀 끈을 잡아 당겨주었다. 그 덕분에 기차 꼭대기에 겨우 몸을 실을 수 있었다.

늦은 저녁이 되어서야 금곡에 도착해 논두렁에 빠져가며 힘들게 걷던 중에 여러 그루의 나무에 걸려있는 지팡이같은 것이 어머니 눈에 들어왔다. 그것은 구렁이였다. 불행 중 다행인 건 구렁이를 늘어진 나뭇가지로 여기고 묵묵히 걸었으니 망정이지

헤자스러움

구렁인줄 알았더라면 단 한 발짝도 떼지 못했을 것이다. 모르는 게 약이라는 옛말은 참으로 진리였다.

열두 살밖에 안 된 큰 언니의 기억에 의존해서 그 어두운 밤길을 뚫고 금곡에 도착한 것은 지금 다시 생각해봐도 극한의 상황이 만들어 낸 기적이었다.

어머니는 제대로 된 산후조리를 하지 못한 탓에 건강 상태가 좋질 못했다. 그래서 나는 모유 대신 농장에 있는 소젖을 먹고 자랐다. 한번은 농장 마당에 꿈틀대는 그림자가 보여 지붕 위를 쳐다봤는데 지붕 위에 살고 있던 구렁이가 고개를 빼꼼 내밀더니 끝끝내 아래로 내려온 것이 아닌가! 화들짝 놀란 어머니는 나를 안고 그대로 소리치며 도망갔는데 농장 일꾼들은 그 모습을 보고 구렁이를 삽으로 때려잡아 뱀탕을 해 먹었다고 한다. 지금 생각해도 소름이 끼치는데 어머니는 당시를 회상하며 냄새가 그렇게 구수할 수가 없었다고 한다. 그렇게 소젖을 먹고 당당하게 컸다.

나는 1951년 9월 피란지에서 국민학교에 입학했다. 운동장에서 "떴다 떴다 비행기 날아라 날아라"라는 노래를 불렀고 그러다가 공습 경보가 울리면 구석으로 피신하는 연습을 반복했다. 그때 한글을 처음으로 배웠는데 꽤 잘 했던 것 같다. 수복 이후에는 서울로 돌아와 학교 생활을 이어갔다.

학교는 내겐 특별한 공간이었다. 유일한 해방의 공간이자,

삶의 활력소였다. 엄격한 언니들의 그늘에서 빠져나오기가 여간 어려운 일이 아니었는데 일단 학교에 가면 언니들의 눈총을 받지 않고 맘껏 뛰어놀 수 있으니 그렇게 마음이 편할 수 없었다. 그중 둘째 언니가 가장 무서웠다. 매일 숙제 검사와 정리 정돈은 물론이고 행동거지 하나하나를 수시로 점검했다. 완벽한 호랑이 선생님이 따로 없었다. 둘째 언니처럼 무섭진 않았지만 셋째 언니와 함께 있으면 내내 말동무 역할을 해야 했기에 정말이지 학교는 언니들로부터 해방된, 유일한 자유의 공간이었다.

학교 외에도 일단 집 밖을 벗어나면 그렇게 즐거울 수가 없었다. 그 시절 고무줄 놀이와 공기놀이는 왜 그렇게 재밌었는지, 또 왜 그렇게 잘했는지 모르겠다. 언니들에게 혼날 것을 뻔히 알면서도 요즘 아이들이 게임에 중독된 것처럼 문밖에서 친구들이 부르면 슬그머니 튀어 나갔다. 그때의 짜릿함을 생각하면 지금도 가슴이 뛴다. 해질녘까지 놀다가 언니들의 부름 소리에 화들짝 놀라 집에 들어가면 예상대로 실컷 혼났던 일들이 주마등처럼 스친다.

그렇다고 내내 놀기만 한 것은 아니다. 공부도 열심히 했다. 고교 시절에는 물리 화학 수학 성적이 높은 편이어서 선생님께서 건축과 지망을 권하셨고 1963년도에 원하는 대학의 건축공학과에 입학할 수 있었다. 대학 생활의 막바지가 되자 교수님께서는 현장 경험을 강조하시며 공사 현장에 견학을 갔다. 교수님의 인솔하에 동기생들과 함께 현장에 가서 설명을 듣던 중에 갑자기 주변이 소란스러워졌다. 남자 여럿이 모여 소리를 지르고 술병을 깨고 난동을 부리고 있었는데 이들은 다름 아닌 공사장에 일하는 인부였다. 더 기가 막힌 것은 난동을 부린 이유가 여자가 재수 없게 공사장에 출입했기 때문이란다. 그 재수 없는 여자가 바로 나였다. 쩔쩔매는 교수님을 뒤로하고 과 대표가 나를 데리고 황급히 그 자리를 떴다. 지금 생각하면 참으로 이해하기 힘들지만, 당시는 여자가 공사장에 가면 재수 없다며 술병을 깨고 난리를 치던 시절이었다.

그런 곡절 끝에 무사히 건축과를 졸업하고 졸업 후엔 운 좋게도 곧장 설계사 사무실에 취업하게 되었는데 소장님의 한마디에 나는 그날부로 사직서를 냈다. 지금 생각해도 참으로 통쾌한 일이다.

"손님이 오면 커피를 대접하고 인사도 잘 해야돼"

그 후 과학기술처 산하에 입사해서 각국에서 들어오는 각종 과학 분야 저널과 특허를 번역하는 일을 했다. 그 번역물은 대학과 기업에 도움이 되는 내용이었다. 모든 논문은 UDC 번호가 기재되었고, 특별한 논문에는 보통 3개국 언어로 초록(抄錄)이 첨부되어서 어렵지 않게 번역을 할 수 있었다. 그렇게 번역된 내용은 매월 한 권의 책으로 발행됐다. 점점 일에 재미가 붙었다.

이곳에서 함께 일하는 사람들을 통해 세상을 바라보는 시야도 넓어졌다. 박사급 연구원들은 내게 논문을 번역하는 일 외에도 삶의 지혜와 풍요로운 마음 씀씀이, 유머와 재치 같은 귀한 것들을 가르쳐 주었고, 사서직 여직원들은 우아한 품격과 매너를 가르쳐주었다. 보통 30대 전후의 여성으로서 능력이 대단했고, 패션 감각 또한 뛰어났다. 그뿐만 아니라 밥 먹고 차 마시는 모습도 우아함 그 자체였다. 그녀들과 함께 어울리며 연극, 영화, 오페라에 관심을 가지며 점점 내게도 그런 모습이 스며들어 갔다. 어쩌다가 고교 동창들을 만나면 너무 세련된 내 모습에 화들짝 놀라는 빛이 역력했으니 말이다. 인생에서 어떤 환경에서, 어떤 사람을 만나는지에 따라 그 모습이 어떻게 스며드는지가 중요하다는 것을 새삼 느끼던 시기였다.

돌이켜보면, 참으로 정겹고 아름다운 시절이었다. 어쩜 그 찰나의 추억을 붙들고 평생을 묵묵히 살아가고 있는지도 모르겠다. 기억의 저편에 있는 그 시절을 기어이 소환해 기록으로 남기는 나는, 1945년생 이혜자다.

장애는 더 이상 장애가 되지 않도록

　내가 아홉 살이 되던 무렵, 어머니는 드디어 꿈에도 그리던 아들을 낳았다. 딸만 여섯을 출산해 눈치를 보던 시기라 일곱째 남동생은 어머니에겐 그야말로 보물이었다. 생긴 것도 어찌나 귀티가 나던지 나조차도 누가 보는 것조차 아깝다는 생각이 들었다. 그런 동생이 두 살이 되자 걸음마를 시작했다. 우리 모두는 동생이 걷는 모습을 보며 손뼉을 치고 환호했다.

　그런데 그렇게 애지중지 커가던 동생이 어느날 갑자기 열병을 앓았다. 당시 병원에서도 원인을 알 수 없다고 했다. 백방으로 수소문해서 알게 된 병명은 소아마비였다. 가족 모두에게 청천벽력같은 소식이었지만 어머니는 흔들림없이 이를 악물고 그 순간을 강하게 견뎌내셨다.

　2년 후 두 번째 남동생이 태어났다. 그러나 두 번째 남동생 역시 두 살이 되자 소아마비를 앓았다. 그때 사람들은 이 병의 원인이 아스팔트 도로의 공해 때문이라고 말했고, 또 어떤 사람은 기저귀 때문이라고도 말했다. 정확한 원인을 모르니 말만 무성했다.

　어머니는 서지도 못하고 걷지도 못하는 두 아들을 데리고 소아마비를 고칠 수 있다면 어디든지 찾아갔다. 그러면서 알게 된 것은 이 병은 고칠 수 없다는 충격적인 사실이었다. 두 동생이 얼마나 많은 병원에 다녔던지 몸 구석구석 주사며, 한방 침이며 어디 하나 성한 곳이 없을 정도였다. 한 날은 큰동생 엉덩이에 화농이 생겨 고름을 짜보니 주먹만한 구멍이 날 정도로 흉터가 잡혔다. 병을 고치기 위해 무지막지하게 주사를 맞은 모진 시간의 흔적이라 할 수 있다. 동생들의 병을 고치기 위해 백방으로 다니던 어머니의 몸도 점점 만신창이가 되어갔다. 여기저기 안 아픈 곳이 없을 정도라 하셨다.

불행 중 다행인 것은 그 모진 순간, 우리 식구들은 하나로 똘똘 뭉쳤다. 둘째 언니가 대학을 다니면서도 시간내어 큰 동생을, 셋째 언니는 작은 동생을, 서로 앞다투어 열심히 운동을 시키며 마치 제 자식 키우듯 살뜰히 돌봤다. 그때 내 눈에 비친 두 언니는 정말 천사같았다.

두 동생은 남산에 있는 사립 리라 국민학교에 다녔는데 우리 가족의 간절함이 하늘에 닿은 것일까, 절뚝거리면서도 포기하지 않고 열심히 걸었다. 그게 얼마나 대견했는지 모른다.

꼭 집안 행사가 있을 때면 병이 나서 부모님 가슴을 태웠던 동생들이지만 커가면서 공부도 잘하고, 농담도 잘하고 항상 마음의 여유가 넘쳤다. 형제간의 우애도 얼마나 깊은지 모른다. 아픈 몸을 이끌고 학교에 다니면 여러 가지로 어려움도 많았을 텐데 한 번도 내색하지 않았다. **천성이 곱고 아름다운 눈을 가**

진 동생들은 가족의 넘치는 사랑으로 '장애'를 결코 '장애'라 느끼지 못하고 살아왔다고 자부한다. 지금도 그 순간을 잘 이겨낸 두 동생을 생각하면 눈물이 앞을 가린다. 참으로 대견하고 고마운, 매일매일 보고 싶고, 매일매일 생각나는 내 두 동생들.

큰동생은 한양대 의과대학에 입학하여 열심히 공부해서 그 해에 바로 의사 시험에 합격해서 영등포에 있는 소아과병원에서 근무했다.

진료가 정확하고 친절하고, 너그러운 얼굴로 환자들을 대하니 의사로서 명성을 얻기 시작했다. 그렇게 1년이 지나서 여자상고에 교직을 둔 여성과 결혼하게 되었다.

아버지는 결혼자금을 조달하기 위해 막내 동생에게 사주었던 조그만 주택을 팔아서 보태줬다. 작은 아들에겐 "형이 잘 살면 너 집 하나 사주지 않겠냐"며 동생의 마음을 달램과 동시에 기대감을 줬지만 아버지의 막연한 생각은 형제간의 불신과 분쟁의 불씨가 되었다. 큰 동생과 올케는 각자의 자리에서 열심히 일했고, 두명의 딸 아이를 낳아 예쁘게 키웠다. 올케는 얼마 지나지 않아 육아와 일을 병행하는 게 힘들었던지 사직을 결정했다.

지금도 올케에게 고마운 것은 신혼 초부터 15년간 부모님을 모셔서인지 어머니의 잦은 병치레와 낙상 사고에도, 아버지의 술주정에도 한 번도 힘든 내색을 하지 않았다. 한날은 남편이 아는 이비인후과에 셋째 언니를 데리고 가서 보청기 상담을 하고 보청기를 마련해줬다. 우리는 미처 생각하지 못한 것들을 큰 올케가 대신 해주니 그저 고마울 따름이었다. **셋째 언니에게 세상의 소리를 듣게 해준 큰 올케에게 다시 한번, 더할 나위 없이 무한한 감사를 보낸다.** 그런 올케를 위해 잠시나마 쉬는 시간을 주고 싶었다. 나는 금요일마다 퇴근하며 어머니를 우리 집으로 모시고 왔다. 그때마다 어머니는 소풍 가는 학생마냥 즐거워 하셨다. 이틀 밤을 주무시고 집으로 돌아가실 때면 80세라는 나이가 무색하게 화장을 곱게 하고, 옷 매무새 단정히 차려입고 큰동생을 기다리셨다.

큰동생은 우리 가족은 물론이고 주변 친척들까지 치료해주는 가족 주치의가 됐다. 우리 가족들은 남녀노소 할 것없이 감기만 걸려도 동생부터 찾았다. 그러면 동생은 성심껏 상담해주고 무료로 치료해주었다. 남편이 요양차 강원도에 있을 때도 그 먼 길을 한달음에 달려와서 링거도 놔주고 진솔한 이야기를 나누며 남편에게 더없이 큰 힘이 되 주었다. 힘이 들 때면 진심을 나눌 수 있는 동생이 있어서 든든하다. 우리 부부뿐 아니라 조카들에게도 얼마나 다정했던지 모른다.

나의 둘째 딸 집이 삼성동 근처라 아이들이 조금이라도 아프면 곧장 큰동생 병원으로 갔다. 그런 동생이 늘 고마웠다. 마침 둘째 딸이 외삼촌에게 감사의 마음을 전하면 좋겠다는 의견을 제시했고, 모두의 동의하에 동생에게 재산의 일부를 증여했다. 나도 동생도, 아이들도 모두 행복한 시간이었다. 무엇보다

저 세상으로 간 남편이 안다면 더 기뻐했을 것이다. 남편은 내 동생들을 언제나 자랑스러워했던 사람이니까.

둘째 동생은 몸이 왜소하고 성격이 약간 예민했다. 우리 모르게 스트레스를 많이 받았던 것 같다. 몸이 만신창이가 되도록 술을 마셨고, 잦은 주사의 후유증 때문인지 힘든 시간을 보내야만 했다. 얼마나 아프고 힘들었으면 그랬을까 싶다. 둘째도 형 못지않게 공부를 잘해서 아산 장학금으로 학비는 물론 생활비까지 받으며 대학 생활을 했다. 대학을 졸업하고는 삼성에 취직해서 각종 프로젝트를 맡으며 능력도 인정받았다.

결혼하여 아들 둘을 낳고 살면서 그 비싼 목동에 아파트를 샀는데 경기가 나빠지자 버티지 못하고 결국에는 빚더미에 앉아 경기도로 집을 옮겨야만 했다.

한날은 큰동생 집에서 작은 올케를 만났는데 집과 관련한 황당무계한 이야기를 늘어놓았다. 그 이후로 작은 올케 뿐 아니라 작은 동생도 합세하여 큰동생을 공격하기 시작했다. 작은 동생네는 아버지의 계획 없는 행동으로 속이 상하고 분통이 터졌던 것이다. 아무리 소액의 작은 집이라도 집이 있는 것과 없는 것은 천지차이인데 아버지는 큰동생 집을 해주고 싶은 마음에 무턱대고 헛된 미래를 약속하고 작은 동생에게 희생을 강요했던 것이다.

어느 날 우리 집에 작은 올케가 찾아와서 어머니를 자신이 모시는 것이 좋겠다고 했다. 단, 조건이 있는데 어머니에게 드는 모든 비용은 가족들이 충당해 달라고 했다. 어머니는 작은아들도 좋지만 큰 아들하고 살아야 한다는 원칙이 있던 분이셨다.

그때 마침 의사협회 파동으로 부회장직을 맡고 있던 큰동생이 집에 자주 못 들어가는 상황이 되자 어머니는 몹시 불안해하셨다. 그래서 우여곡절 끝에 어머니는 작은 올케의 바람대로 작은 동생집으로 가셨다.

어머니는 작은 동생네 집에 가서 매일 보던 큰 아들을 며칠간 보지 못하자 버림받았다는 생각이 들었는지 곧장 치매 증상이 생겼고 식구들을 알아보지 못했다. 내가 기가 막히게 웃기는 이야기를 해도 어머니는 웃지 않았다. 소변을 보고 깨끗이 닦아야 한다며 이불 호청을 끌어다 닦고, 용변을 보고는 손에 묻혀서 벽이나 문짝에 문지르기 시작했다. 아이고! 이건 분명 치매였다.

올케는 옷과 이불을 거의 매일 빨며 힘에 부쳤던 모양이다. 중국인 도우미를 고용해서 지출도 점점 늘어났다. 동시에 우리가 부담하는 비용도 늘어났다. 손을 보태고 싶어서 손위 동서가 불고기 반찬을 해와도 누구 먹으라고 이걸 해왔냐며 시누들 보는 앞에서 언성을 높이기도 했다. 그제서야 '아뿔사! 잘못 생각했구나'란 후회가 밀려왔다. 올케에게도, 우리 가족들에게도 모질고 힘든 시간이었다.

언젠가 가족들이 어머니 문병 차 작은 올케네 집에 모였다. 내가 하도 어머니가 보기 딱해 "어머니, 이제는 좋은 데로 떠나면 좋을 텐데"라고 말하니 어머니는 "똥 밭에 굴러도 저승보다 이승이 좋다더라"며 맞받아치셨다. 치매에 걸려 듣지도, 말하지도 못하는 어머니라고 생각했는데 정신이 가끔 돌아올 때도 있다는 것을 그때 처음으로 알았다. 가족 모두 기절할 정

혜자스러움

도로 놀랐고, 남편도 그런 말을 한 나를 나무랐다.

어머니의 병세가 심각해지자 좀 더 넓은집으로 모시기 위해 십시일반으로 비용을 갹출하며 이사토록 했다. 그래도 불평은 여전했다. 그렇게 몇 개월을 더 버티던 어머니는 결국 병원에 입원하시다가 힘들게 숨을 거두셨다.

49제가 끝나는 날 나는 그간의 고마운 마음을 전하며, 거래된 돈 이야기도 부드럽게 건네기 위해 이야기를 하자고 하니 작은 동생은 "나는 모르는 일이고 아내에게 물어보라"고 말했다. 돈을 받자고 한 말이 아니라 그저 고마운 마음을 전하고 싶은 마음에 큰 동생과 사전에 조율해서 이야기를 꺼낸 것인데 괜히 고성만 오간 채 헤어지게 됐다. 어머니 모시느라 고생했다고, 그저 그 따뜻한 한마디를 건네고 싶었을 뿐인데. 그 이후로 연락이 두절됐다. 지금 생각해도 참으로 아쉽고 아픈 순간이었다.

얼마 뒤 외숙모님이 돌아가셔서 문상을 갔다. 사실 나는 몸 상태가 안 좋아서 2시간 반이나 걸리는 길을 갈 형편이 못됐지만 거기에 가면 둘째 내외를 만날 수 있다는 예감에 아픈 몸을 이끌고 나섰다. 도착하니 마침 두 형제가 마주 보고 앉아있었다. 내가 온다는 연락을 받은 터였다. 내가 오기 전에 그 자리에서 둘째 동생이 집안일로 서로 만나게 되면 남 앞에서는 그럭저럭 대하고, 밖에서는 모른 척하자고 하니, 큰동생도 그렇게 하자고 했다는 것이다. 이런 이런 상황을 모른채 두런두런 얘기하는 동생들이 보기 좋아 입이 귀까지 걸린 나, 헤어질때도 어찌나 친절히 차량 호출까지 해주던 작은 동생의 친절했던 모습, 그땐 정말이지 형제간의 불화는 끝인가 싶었다. 나는 왜 이다지도 눈치가 없는 바보일까?

남편이 생전에 연락이 끊긴 동생 아들의 학비라도 보태 주면 좋겠다고 여러 번 언급했지만 연락이 안 되니 전할 수가 없었다.

그러던 차에 2021년에 아버지 산소 관리가 안되고 있다고 둘째 올케가 사진과 함께 문자를 보냈다. 나는 그 즉시 큰동생에게 전했다. 관리인에게 전화하니 바빠서 못했으니 내일쯤 하려고 한단다. 수고비는 진작에 받아놓고 농사일이 바쁘다고 추석날까지도 우리 산소 벌초를 소홀히 한 거다. 큰동생이 다리가 불편해서 가보지 못하니 이런 사단이 난거다. 둘째 동생은 그래도 건장한 두 아들 덕에 큰 어려움없이 산소에 오를 수 있으니 참으로 다행이다 싶었다.

산소 일로 연락이 되어 남편의 마음을 전하니 관심 없다는 듯 그땐 시큰둥하더니 얼마 지나지 않아 사업에 삼천만 원이 필요하다고 연락이 왔다. 나는 동생의 자식들에게 남편의 유언대로 천만 원을 줄 생각이었으나 이천만 원을 보냈다. 그제야 모든 짐을 벗은 것 같았다. 그리고 다시 연락이 끊겼다. 이제는 나도 작은동생과의 결별을 받아들이기로 했다. 어디서든 건강히 잘 살면 그걸로 충분하다고 생각한다. 부디 잘 살기를. 동생에게 바라는 것은 오직 그뿐이다.

어머니의 멍든 가슴

　어머니는 함경북도 경성에서 굉장한 부잣집 딸로 태어났다. 어머니의 집안은 사회적으로나 경제적으로 대단한 성공을 이뤘지만 선대부터 식솔들이 바람을 심하게 피운 집안이란 오명을 안고 있었다.

　어머니와 아버지는 국민학교 동문이었고, 어머니가 아버지보다 한 살 더 많지만 학년은 한 해 후배였다. 재산이 많은 집의 규수였지만 집안의 바람기로 선비 댁인 아버지와 결혼하게 되었다. 예단이 몇 괘나 갔는지 모르게 많이 갔다고 한다. 어머니 가족은 모두 인물이 출중했는데 그중 어머니가 가장 독보적이었다. 그런 어머니의 삶은 결혼 초부터 순탄치 않았다.

　결혼하고 얼마 지나지 않아 아버지는 광주 학생 사건에 연루되어 일본으로 유학을 가야만 했다. 어머니의 굴곡진 삶이 시작 되었다. 장애를 가진 셋째 딸과 두 아들을 키우며 가슴에 멍이 들었다. 그럼에도 어머니는 명랑하게 생활하시려 노력했다. 어머니는 꽃도 잘 키우시고 정원도 잘 가꾸셨다. 음식도 보기 좋고 맛있게 하셨다. 그림도 잘 그리시고 조각도 잘 하시고 가구 배치도 계절에 맞게 산뜻하게 바꾸셨다. 문풍지와 신문으로도 동물작품을 만들어 가족을 기쁘게 하셨다. 지금 같으면 아마도 화가의 길을 걷지 않았을까 싶다. 그만큼 재주가 좋았고, 자격이 충분한 분이셨다.

어머니에게 나는 그냥 자식이었다. 하지만 나는 아무렇지 않았다. 가슴에 씻을 수 없는 멍을 간직한 채 살아가는 어머니를 떠올리면 나라도 어머니 마음 아프지 않게 살려고 노력했던 것 같다.

아버지는 나름의 방법으로 어머니를 지극히 사랑했지만, 바람 피는 외가 식구들 얘기만 나오면 어머니를 비난하거나 비하하는 분위기를 만들곤 하셨다.

아버지와 어머니는 큰아들 내외와 약 15년간을 사셨다. 큰아들을 대견하게 생각하며 의지하고 사시다가 아버지가 돌아가시고 어머니 혼자가 되니 많이 적적해 하셨다. 그러다가 둘째 아들네 집에 가게 되었고, 얼마 지나지 않아 치매에 걸렸다.

어머니는 음식을 드시면서 옷에 자꾸 흘리셨다. 늙으면 눈이 원시가 된다는 걸 알았지만 그땐 그게 어떤 상태인지 가늠할 수 없었던 시기라 어머니에게 흘리지 말고 바짝 대고 잡수라며 핀잔을 주기도 했고, 앞치마를 해 드리며 제발 흘리지 마시라고 단호하게 말했던 기억도 난다. 나도 늙으면 그리된다는 사실을 꿈에도 생각지 못했다. 어머니가 지금 내 곁에 계셨더라면 진심으로 죄송하다고 말씀드렸을 텐데, 어머니! 철없던 저를 용서해 주세요.

어머니를 자주 찾아가고 싶었지만 모시는 사람 입장에서 힘이 들 것 같아서 자주 찾아뵙지 못했는데 병원에 입원하셨다는 소식에 죄송한 생각부터 들었다.

어머니가 돌아가시기 전날 밤이었다. 다음날은 일요일이라 남편과 관악산 등산을 하고 바로 병문안을 가야겠다고 마음먹고 일찍 잠을 청했다. 돌아가신 둘째 언니가 나타나 큰 언니가 돌아가셨는데 이렇게 잠만 자고 있을거냐며 얼른 일어나라고 호통을 쳤다. 깜짝 놀라서 일어나보니 꿈이었다. 등산을 마치고 남편에게 꿈 이야기를 했고, 그 뒤 모든 일이 일사천리로 진행됐다. 가까운 친척과 형제자매에게 전화를 돌렸고, 모두 병원에 와서 어머니를 뵙고 인사를 나누었다. 어머니와 이승에서의 마지막 만남이라는 것을 모두 예감했던 것일까? 모두가 더없이 어머니를 따뜻하게 대해주셨다.

모였던 사람들과 헤어진 후 나와 남편은 어머니 병실에 다시 들어갔다. 80세를 훨씬 넘겨서도 브라를 하고 화장을 곱게 하셨던 곱디 고운 우리 어머니였건만. 생의 마지막 호흡을 이어 나가시는 어머니 모습이 너무 안타까워 한참을 울었다.

나는 어머니에게 이제는 마음 편히 떠나도 된다고, 어머니의 아픈 손가락인 셋째 언니도 우리 부부가 잘 돌보겠다고 약속했다.

나는 어머니의 깡마른 손목에 염주를 끼워 드리고 하염없이 눈물을 흘리며 발길을 돌렸다. 늦은 저녁에 둘째 언니의 아들이 할머니가 계신 병원으로 갔는데 "할머니"라고 부르자마자 눈 한 번 마주치더니 이내 생의 마지막 숨을 거두셨다고 한다.

    병실에서 거의 벗은 채로 호스를 주렁주렁 달고 있던 어머니를 생각하면 세월이 많이 흘렀건만 여전히 가슴이 아프다. 셋째 언니와 두 아들 걱정에 한시도 마음 편할 날이 없었던 우리 어머니. 우리가 안부 전화하면 "두 박사 엄마입니다"라며 두 아들을 자랑스럽게 여기셨던 어머니의 모습이 생생하게 떠오른다. 속은 다 썩어가면서도 자식들 앞에서 멋지고 당당한 모습을 보이려고 애썼던 어머니의 모습을 떠올리면 저절로 눈물이 흐른다.

    곱던 우리 어머니는 그렇게 생의 마지막을 힘겹게 견디다 가셨다. 어버이날이라 그런지 오늘따라 어머니가 더욱 사무치게 그립다.

마르지 않는 행복보험, 나의 아버지

아버지는 1915년 12월 13일 함경북도 경성군 어랑면 지방동에서 태어나셨다.

위에 큰형님이 계셨고 누님이 여덟 명 그 다음이 아버지였다. 아버지는 가난한 집이지만 선비 가문이라 남녀 가리지 않고 교육받고, 줄줄이 학교에서 우수한 성적을 자랑했다고 한다. 아버지가 초등학교 때 경성에 보낸 서예 작품이 수상을 하기도 했다고 한다.

그러나 아버지의 삶도 녹록치 않았다. 1929년 11월에 항일운동으로 광주 학생 사건이 전국적으로 확산되며 기차 통학때 시비가 많이 생겼는데 아버지도 영락없이 연루되어 학교 생활이 어려웠다. 결국 아버지는 큰 언니를 임신한 어머니를 두고 일본 유학을 결정했다. 아버지는 일본 오기노상고에 입학하셨고 그 후 3년이나 지나서야 어머니와 정상적인 결혼 생활을 할 수 있었다.

아버지는 해방이 되고 방직회사에 관여하셨다. 그런 연유로 지금의 남대문 시장에 가게를 사서 의류 사업을 시작하셨는데 늘 엄마의 손길이 필요했다. 아버지는 친구에게 연대 보증을 서줘서 두 번이나 사기를 당해 집도 가게도 날릴 뻔했지만 그 후에도 여러차례 같은 실수를 반복했다. 한마디로 아버지는 상고를 졸업하여 계획적이고 정리를 잘 하는 사람이었지만 정작 자기 관리는 안되는 사람이었다. 어머니의 잔소리에도 "잘못했소"라고 말하면 끝인, 한량이었다.

하지만 나에 대한 사랑은 우리 아버지를 따라갈 사람이 없었다. 언제나 그윽하게 '너를 믿는다'라는 따뜻한 눈빛을 보내셨다. 나는 그 힘으로 어떤 일도 해 나갈 수 있을 것 같았다.

결혼하고 친정에 가면 가장 먼저 아버지 방에 불려 간다. 아버지 곁에서 천진난만하게 밥을 먹고 집에 갈 때는 어머니를 시켜 내가 좋아하는 이북 음식을 꼭 싸주셨다. 오죽하면 어머니는 "당신 딸이 와서 좋겠소"라고 핀잔 아닌 핀잔을 주기도 했다.

서른 여덟 늦은 나이에 넷째를 임신했다고 하자 아버지는 내가 근무하는 학교로 찾아오셨다. 눈이 펄펄 내리는 겨울날이었는데 가자미 식혜와 동태 식혜를 보자기에 싸 오셨다. 말로는 눈이 오는 위험한 날 오시면 어떡하냐고 눈을 흘겼지만, 사실 그걸 먹으면서 얼마나 행복했는지 모른다.

그렇게 영원히 내 곁에 있을 것 같았던 아버지는 폐암으로 돌아가셨다. 부모 없이 결혼하는 둘째언니 딸의 결혼식이 잘 진행되도록 얼마나 큰 의지로 버티셨는지 모른다. 손녀딸이 신혼여행에서 돌아올 때까지 병고의 어려움을 기어이 버텨내셨다.

아버지는 큰 바위 같은 분이셨다. 돌아가시기 전날에는 나는 남편이 사다 준 독일제 쌍둥이 손톱깎이 공구를 병원에 가져가서 손톱, 발톱을 깎아 드리고, 5mm정도 덮인 발바닥의 각질을 2시간 넘게 손질한 뒤에 로션을 발라드렸다. 그제서야 예쁜 발로 다시 태어났다. 지나가던 의사는 아버지 발을 보고 한번 놀라고, 구슬땀 흘리는 내 얼굴을 보고 또 한번 놀라고, 끝으로 보자기에 쌓인 엄청난 각질을 보고 화들짝 놀랐다.

그저 내 손길로 아버지 마지막 가는 길이 가뿐하고 행복하기를 바랐다. 아버지 가시는 길에 수많은 눈물을 뿌렸다. 충분한 애도를 해서인지 여한이 없다. 아버지의 사랑은 지금까지도 내 인생의 마르지 않는 행복 보험 통장이다.

애증의 관계, 큰 언니

　　언니는 어렸을 때부터 상당히 영리했고 말도 청산유수였고 판단력도 뛰어났다. 어디서든 군계일학이 따로 없었다. 언니가 초등학교 다닐 때는 일본어로 공부하던 시절이었는데 일본어면 일본어, 운동이면 운동, 언니는 어느 것 하나 뒤지는 것이 없었다. 언니는 여고 시절 정구 선수로 활약했는데 그 당시는 정규 코트가 없어서 체육대회 때는 근처 미 8군 단지의 운동장에서 정구 대회를 개최하였다. 그때마다 언니는 우승을 해서 상품을 탔다.

　　1950년 언니는 이화여대 의과대학에 입학해서 다니다가 6.25전쟁이 터지자 피란을 갔고, 2학기 등록금을 제때 내지 못했다. 엄마는 고민 끝에 singer 재봉틀 머리를 팔아서 언니의 등록금을 내려 했지만 이미 기간이 만료되어 더 이상 학교에 다닐 수가 없었다. 언니는 그 뒤에 동국 대학에 가서, 대한민국의 국보 1호라고 자칭하는 국문학 박사인, 양주동 박사 교수 밑에서 조교를 하면서 학업을 이어 나갔다. 9월 28일 수복 이후에는 숙명여대 영문과에 편입해서 영문학사로 졸업했다. 나는 한국 사회의 급변하는 여성의 삶을 언니를 통해 체감했다.

　　여성들의 존재감이 크게 두드러지던 때였다. 언니의 친구들 중에는 유명 인사가 많았다. 당시 미스코리아 대회에 나가면 시

집가기가 어려운 때였는데도 미스코리아 대회에 나가서 당당히 미에 당선된 친구도 있었고, 유능한 기자도 있었다. 여든이 넘도록 의료봉사를 한 친구까지 모두 언니의 화려한 친구들이었다. 물론 언니 역시 중학교 교사로서 승승장구했다.

부모님은 행여 유고 시 두 아들을 챙기지 못할까봐 큰언니 내외에게 많은 부분을 의지했다. 이를 의식한 언니네 부부는 "처남들의 학비와 용돈은 걱정하지 마세요"라며 안도의 말을 건넸지만 언니네 부부에게 한 푼도 무언가를 받은 일이 없었다. 물론 우리 자매들은 경제적으로 어려움도 없었지만, 누구에게 용돈을 받는다는 생각조차도 없었기에 서운함도 없었다.
한번은 큰언니네 부부가 둘이 같이 와서 일본인과 과산화수소 공장을 짓는 사업을 하는데, 보증으로 남대문 상가 문서를 보름만 빌려주면 계약하는 데 쓰고 바로 돌려준다고 하며 우리 아버지에게서 문서를 가지고 갔는데, 보름 만에 법원에서 경매 통지서가 날아왔다. 하는 수없이 아버지는 급전을 빌려 상가 문서를 찾아왔다. 그때부터 급전에 대한 이자를 갚느라 부모님은 경제적인 어려움을 심하게 겪어야만 했다.

그러나 우리 부모님은 언니 내외를 불러 야단치는 법이 없었고, 또 언니 내외가 부모님께 용서를 구하는 모습도 보지 못했다. 단지 형부를 두둔하는 언니의 목소리만 들릴 뿐이었다.

언니도 어려움을 겪기는 마찬가지였을 것이다. 내가 귀를 막고 지내서 그렇지 그 시간이 얼마나 힘들었을까 싶다. 하루는 아버지가 언니를 찾아가 세월이 흐르면 모든 것이 다 좋아질테 니 힘내라고 하셨단다. 언니 때문에 빚을 갚느라 당신도 무척이 나 힘들었을텐데 오히려 언니를 위로해 주셨다.

　아버지의 바람 때문일까, 언니의 학교생활은 승승장구하며 교육청 장학사도 되고, 교감 교장의 길을 걸었고, 언니 특유의 기획력과 추진력으로 모두에게 칭찬과 격려의 박수를 받았다. 내 남편은 행사 때마다 찾아가 진심으로 언니를 축하해줬다.
　언니의 아들이 어렸을 때 일이다. 언니가 능곡 기차역에 내 리면, 아들과 언니는 마치 이산 가족이 만난 양 뛰어가서 이름 을 부르며 껴안는 모습은 눈물 없이는 볼 수 없는 광경이라고 했다. 한번은 언니 생일에 아들이 옛날에나 입던 흰 팬티 3장을 사왔다며 자랑을 했다. 얼마나 자랑을 했으면 학교 선생님들이 입지 말고 액자로 만들어 기념품으로 걸어 두라고 말했을 정도 였다고 한다.

　언니는 퇴직 이후에 우리 자매를 만나 그간 온가족이 언니 때문에 곤경에 처하게 된 데에 사과하는 마음으로 셋째 언니에 게 천만원을 주고 싶다고 말했다. 나는 형부에게 허락을 받았냐 고 먼저 물었더니 형부가 허락했다고 한다. 우리 자매들은 모두 강남 뉴코아 백화점에서 만나 천만 원 전달에 대한 약속을 무슨 행사라도 하듯 거하게 했다. 모두 기뻐하며 저녁을 먹고 헤어졌 다. 그러나 차일 피일 미루면서 결국 셋째언니에게 한푼도 주지 않고 흐지부지하게 되었다. 2년여의 시간이 흘러 언니는 그동 안 언니가 모은 금패물을 형제 자매에게 3돈씩 나눠주었다. 나는 부모님에게 진 빚을 우리에게 갚는 것이라 생각하고 고맙게 받았다.

형부는 신장암으로 6년간 고생하였고 완치판정을 받았지만 다시 발병하여 또 6년 동안 투병 생활을 이어갔다. 형부는 살고 싶은 욕망이 가득했다. 형부는 오랜 투병 끝에 한 번 더 수술을 원했지만, 아들과 의사의 만류로 12년 간의 투병 생활에 종지부를 찍었다. 이제 모든 것이 끝났다. 장례를 치르고 일상으로 돌아왔다.

형부의 오랜 투병 생활로 인하여 가족에게 상당한 치명타를 남겼다. 언니의 며느리는 명문대 피아노과를 졸업한, 미색의 능력 만점의 숙녀였고. 아들은 신학대학을 나와 교회에서 목회를 했는데 교회가 부흥되지 않자 수입이 없어졌고, 며느리는 피아노 레슨과 교회 청소, 환자 음식을 만들어 나르느라 엄청난 고생을 했다. 큰 키에 예뻤던 모습은 온데간데없고 비쩍 마른 창백한 얼굴을 보면 공연히 내가 다 미안해졌다. 그러던 차에 언니의 며느리가 안과 수술을 받아 고생한다기에 자주 들여다보고 먼 길 마다하지 않고 반찬을 사다 주며 위로의 마음을 전했다. 나로서는 조카 내외를 위한 배려이자 사랑이었다.

2008년 내 남편은 사망하기 전에, 어머니 앞에서 약속한대로 셋째 언니를 돌봐야 한다며, 셋째 언니에게 일억 원을 증여한다고 유언했다. 그래서 나는 그 사실을 나의 마음을 확실히 다지기 위해 큰 언니에게만 살짝 말했다. 그런데 큰언니는 놀라면서 "아니 셋째가 그 돈이 왜 필요한데, 공연히 잘 사는 애에게 풍비박산 내지마"라며 퉁박을 줬다.

그런데 몇 년 후 나에게 자매들이 이상한 눈치를 주고, 셋째 언니도 왜 줄 돈 안 주냐 하는 식이다. 큰언니가 셋째 언니에게 넌지시 내가 돈을 줄 거라고 발설했다는 것이다. 그 당시에는 정말 생활비 외에는 돈이 없었다. 또 큰언니에게 얘기한 사실도 새까맣게 잊어버린 상태였다.

그리고 몇 년 뒤 큰 돈이 생겼다. 남편의 유언대로 셋째 언니에게 일억 원을 증여하게 되었다. 큰언니에게는 큰언니 며느리 명의로 산 이천만 원의 주식이 십여 년 만에 약 팔천만 원이 되어 언니 며느리에게 통장째 전달해 주었다. 남편이 늘 언니의 능력을 안타까워하며 도움을 주었기에 당연히 그렇게 해야될 것 같아서 나도 그리한 것이다. 큰언니는 셋째 언니에게 일억의 돈이 갔는지 몹시 궁금해한다.

나는 2022년 큰언니 생일에 몸이 아파서 가지 못했다. 일주일 후 세 자매가 만나서 늘 맛있게 먹던 음식점에서 점심을 먹고 안부를 물으며 정답게 이야기를 나눴다. 그런데 대화 도중 나는 꼭지가 열렸다. 자꾸만 큰 언니가 셋째 언니에게 이름 대신에 "야!"라고 불렀기 때문이다. 언니에게 그렇게 부르지 말라고 과감하게 말했더니 그럼 얘를 뭐라고 부르냐고 되물었다. 그때부터 내 음성은 봇물 터지듯 거세게 몰아쳤고, 더 이상 이성은 내게 존재하지 않았다. 시간이 지나자 저 멀리 도망간 이성은 다시 제 자리를 찾았고, 창피한 마음이 물밀듯이 밀려들었다. 도망치듯 음식점에서 나와 카페로 가서 언니에게 미안하다고 말했지만 엎질러진 물이었다.

 큰 언니에게 큰 충격을 주었다고 생각해서 열흘 뒤쯤 언니에게 사과도 할 겸 근처 음식점에서 다시 만나자고 했다. 언닌 그 자리에서 엉뚱하게도 통장 두 개를 들고 나와서 나에게 보여줬다. 거기에는 "영희 5백만 원"이라고 연필로 써 있었다. 글자 그대로 셋째 언니에게 갈 돈이다. 큰언니는 이게 무언지 모르겠다며 치매 든 할머니의 모습으로 날 쳐다보며 묻는다. 그래서 "언니는 동생에게 갚을 마음이 없고, 동생도 받을 마음 없으니 그만 연기하세요. 밥 잘 드시고 건강하세요"라고 쏘아붙이고 헤어졌다.

 불행 중 다행으로 큰언니는 며느리 이름으로 아파트 분양을 받았다. 그 집에 전세를 놓아 오랫동안 가지고 있다가 집도 낡고 전세도 나가지 않자 며느리와 손주들이 그 집으로 들어갔다.

 언니는 졸지에 혼자가 된 것 같은 느낌을 받았다고 한다. 지금은 서울대병원에서 치매 5등급을 받아 일일 간병센터에 다니는데 아침, 저녁으로 집에 데려다 주고, 점심, 저녁 식사 및 간식도 제공받는다. 한동안 창피하게 생각하더니 이제는 곧 잘 다니신다.

 올해 부처님 오신 날이었다. 불자들에게는 기쁜 날이자 우리 식구들이 모두 모인 날이었다. 모두 기쁜 마음으로 한자리에 모여 큰동생이 한턱내는 맛있는 음식을 먹고, 옛 이야기를 나눴다. 단연 킹 메이커는 우리 아버지였다. 딸들을 지극 정성으로 사랑하신 분이었기 때문이다. 아버지 얘기만 나오면 각별히 사랑해주신 내 얘기가 나온다. 그때마다 에너지 팡팡 받으며 잘난 척을 한다. 요즘은 독서 모임에 나간다고 자랑을 하니, 느닷없이 큰 동생이 옛날에 큰 누님 부부가 우리 집 책을 너무 많이 가져가서, '저렇게 많은 책을 가져가면 우리 집은 어떻게 하지' 하면서 걱정 아닌 걱정을 했다고 말한다. 그 순간 십여 년 전에 큰 언니가 "형부가 장서가로 조선일보에 기사가 나왔어"라고 했던 말이 생각났다. 형부 네 집에 가면 책도 많고 신문 모음도 연도별로 잘 되어 있어 좋아 보이긴 했었다.

일기장을 보다 보니 큰 언니에 대한 글이 적혀 있다.

2013년 7월, 비, 토요일
큰 언니한테 전화가 왔다. 다리도 아프고, 여기도 아프고 저기도 아프다고 한다. 목사님(형부)이 돌아가시니 갑자기 몸이 나빠지게 되어 하나님께 의지를 많이 한다고 했다. 그동안 하나님과의 대화를 일기로 썼다며 몇몇 구절을 읽어 주신다. 참 좋은 말씀이었다. 좋은 습관이라고 생각되어 종교는 다르지만 나도 하안거 백중기간 동안 참회 일기를 써야겠다고 생각했다. 이번 백중 기간에 종교적으로 나를 깊게 돌아봐야겠다. 언니 덕분에 100일 참회문을 썼고 기록을 가지고 있다.

이 참회 일기는 나의 보물이 되어 번듯하게 내 책장에 진열

되어 있다. 언니는 내가 소란을 피웠던 날 카페에서 마지막에 "나도 참 힘들었어. 엄마는 왜 그렇게 아이를 줄줄이 낳았는지, 집안일은 왜 그리 어려움이 많았는지, 무언지 마음을 놓을 수 없는 구속감에 늘 괴로웠다"고 말했다.

나는 언니가 만능이라서 기쁘게, 힘 안 들이고 알아서 척척 엄마 일을 돕는 줄 알았다. 그런데 언니 이야기를 듣고 보니 맏이인 언니의 입장에서 많이 힘들었겠단 생각이 들었다. 언니를 잠시나마 미워했던 마음을 떨쳐내고 언니의 마음에 진심으로 공감하고 싶다. 이미 공감된 부분이 많고 이해가 되니, 내가 얌체 동생이었던 것 같아 좀 미안한 생각도 들었다.

그러나 너무 고생했던 지난 시절을 떠올리면, 미운 마음이 튀어 오르고, 어떻게든 욱여 넣으면 또 다른 것이 용수철처럼 튀어 오른다.

용서는 신의 영역이고 권한이지만 이해는 인간의 영역이다. 언니를 진심으로 이해하고 싶다. 언젠가 언니에게 쌓인 오해와 슬픔이 모두 용해되어 자취도 없이 홀연히 살아질 그날을 그려본다. 그땐 우리 모두 행복할 수 있겠지?

능소화를 닮은 셋째 언니

나는 셋째 언니의 어릴 때 기억이 전혀 없다.

어른의 말에 의하면 큰언니의 가을 운동회가 있던 날 전날부터 엄마는 이것저것 음식을 만들어 준비하고 아침에 떠나려고 하는데 저녁부터 셋째 언니 상태가 별로 안 좋았다고 한다. 그런데 원래 건강했던 아이라 큰 걱정없이 "아우 저 심술궂은 애가 오늘 따라가지 않으니까 집에서 좀 쉬도록 하고, 우리는 운동회에 다녀와야 되겠다" 하고 음식을 바리바리 싸 들고 큰언니 학교 운동회에 갔다고 한다. 학교 운동회는 아이들뿐만 아니라 동네 어른들과 부모님에게도 큰 행사였기 때문에 기쁜 마음으로 참가했지만 아픈 딸 생각에 잠시 머물다가 급히 돌아왔다고 한다.

집에 와 보니 셋째 언니는 고열로 아침보다 더 심각한 상태였다. 아버지는 급하게 셋째 언니를 업고 당시 서울역 맞은편에 있는 세브란스 병원에 입원시켰다. 열이 심하니까 해열제를 줘서 열은 내렸지만, 고막이 녹아내려 듣지 못하게 되었다고 한다. 그 상태도 모르고 지날 뻔했는데. 며칠 후 큰언니가 셋째 언니를 보러 병원에 왔다가 아버지와 셋째 언니가 잠들어 있는 것을 보고, 서울역 뒤 염창동에 미제 콩 통조림을 사러 갔다. 돌아오는 길에 서울역 전차 정거장에 사람들이 많이 모여 있어 호기심 많은 큰 언니가 밀치고 들어가 보니 셋째 언니가 쓰러져 있었단다. 너무 놀라서 주변 사람들에게 부탁하여 언니를 병원에 데리고 왔다. 놀랍게도 언니는 얼굴 옆 부분에 전차에 치여서 피가 줄줄 흘렀다.

당시 서울역에는 전차가 다녔다. 셋째 언니는 잠결에 큰언니가 나가는 것을 보고 따라 나섰다가 언니 발걸음을 쫓아가지 못하고 전차가 오는 것을 미처 보지 못해서 사고가 난 것이었다. 나중에 안 사실이지만 귀의 이상은 방향감각에도 이상이 생긴다고 한다.

언니는 그 당시에 말을 잘 했지만 듣지 못하는 상태라 말도 발음이 점점 이상 해져갔다. 그러다 보니 화를 잘 내고 특히 바로 밑인 나에게 무서운 존재가 되었다.

언니는 정상적인 교육을 받을 수가 없었기 때문에 초등학교를 들어갈 수가 없었다. 10살이 넘어서 농아들이 다니는 학교에 다니게 되었다. 그러나 그 농아학교는 언니에게 공포의 장소였다. 거기에는 너무나 무서운 존재들이 많았다. 때리고 꼬집고 폭언을 하고 무슨 말인지는 몰라도 욕을 하고 이상한 행동으로 압력을 주곤 해서 도저히 끝까지 다니지 못하고 중퇴를 하고 말았다.

부모님은 당신들 유고 시에 언니가 먹고 살 길이 있어야 한다며 미용학원에 입학시켰다. 근데 미용학원이 2년이 지나도 그냥 청소만 시키고 이유를 붙여 기술을 가르쳐주지 않았다. 언니는 집에서는 귀한 존재였기 때문에 어려운 고비를 감당해내기가 힘이 들었다. 그래도 눈썰미가 있어서 여러 가지 기술을 열심히 배웠지만 미용실을 차릴 수 있는 상태는 되지 못했다. 잘 듣지 못하니까 감각도 조금 늦고 머리를 너무 잡아당긴다든가 또는 불 조절을 못하든가 하여 손님들의 원성을 샀다. 하는 수 없이 언니는 약 3년여의 미용 수업에 종지부를 찍었다.

그래도 솜씨 좋은 언니는 그 이후에 부모님과 가족들의 머리 커트와, 이웃 여자들의 파마도 해주고, 우리가 학교에 갈 때 머리를 예쁘게 따 주어서 친구들의 부러움의 대상이 되기도 했었다.

어머니는 언니에게 재봉 기술도 가르쳤다. 언니는 열심히 따라 하지만 큰 희망이 없다고 생각했는지 그냥 따라하는 시늉만 겨우 했다.

그러던 어느 날 셋째 언니한테 청혼이 들어왔다. 상대는 큰언니가 근무하는 학교 직원의 동생이었다. 셋째 언니의 상태를 상대방에게 자세하게 얘기했고 둘의 만남이 성사되었다. 그 사람은 언니를 보고 아주 좋아했다.

큰언니는 결혼하게 되면 아버지가 무언가를 해줄 수 있을 것 같다고 얘기를 했다. 상대는 큰 기대를 갖고 언니와 결혼을 서둘렀다. 아버지도 만만치는 않으셔서 장애인을 택한 데는 반드시 이유가 있을 것이라 생각하여 큰언니가 그런 언질을 주었다고는 생각도 못하시고 2~3년을 두고 볼 생각이었다. 처음엔 벽돌 공장을 차려줬다. 그런데 열심히 하지 않았다. 본인은 화이트칼라라고 하며 일을 등한시 했다.

내 남편은 손위 동서가 회사에 와서 영업일을 하면 서로가 도움이 되지 않을까 생각하고 입사를 시켰다. 그러나 처음엔 몰라서 그런 거라 이해했지만, 조금 더 지나도 크게 달라지지 않았다. 회사에 들어올 때는 머리를 단정히 하고 얼굴이 발그레해 가지고 들어왔다. 일할 시간에 목욕하고 들어온 것임을 사람들은 대번에 알았지만 사장님이 아는 사람이라 말은 못하다가 "이런 사람이 회사에 필요합니까?" 라며 직원들의 불평이 늘어났다. 지은 죄가 있는지 6개월 만에 제 발로 나갔다. 셋째 언니는 나와 남편이 자기 남편을 잘 보살펴 주지 않았다고 화를 냈다.

얼마 후 그는 셋째 언니에게 돈을 많이 벌어올 테니 친정에 가서 기다리라고 하고 가출했다. 그리고 40여 년간 연락이 없었다. 언니는 가슴앓이를 하며 친정 살이를 했다. 다행히 언니의 두 딸은 글을 잘 쓰고 말도 조리 있게 잘 했다. 큰딸은 대학을 나와 직장을 갖고 둘째 딸도 대학에서 물리학을 전공하고 학원에서 수학, 과학을 가르쳤다.

그런데 어느 날 갑자기 둘째 딸이 오랫동안 후원하던 음성 병원에 들어 가서 봉사하겠다며 수녀가 되었다. 원하는 삶을 살아가는 줄 알았는데 5년 만에 약 봉투 한가득 안고 환속했고 사회에 나와 애쓰며 살아보려 했지만 잘 적응하지 못했다. 그리고 끝끝내 스스로 생을 마감했다.

둘째 딸의 주머니에서 통장이 발견되었다. 언니가 집을 옮기라고 준 돈 오백만 원을 쓰지도 못하고 그렇게 속절없이 가버렸다. 돈을 찾으러 은행에 가니 사망자로 신고가 되어 인출이 불가능했다. 그 돈은 법적으로 부모에게 가는 데 아버지의 행방을 몰라 집행이 안됐다. 수소문 끝에 행정기관에서 40년 동안 연락 한번 하지 않았던 그를 찾았는데 딸이 남긴 돈의 절반을 찾아가고 다시 행방이 묘연해졌다고 한다. 언니가 행방을 알려 했으나 개인정보 비밀 유지로 알 수가 없었다. 언니는 무척 서운해 하면서 한 번이라도 보고 싶다고 했다.

그러다가 2021년 8월, 셋째 언니의 남편이 사망했다는 연락이 왔다. 그는 무연고 묘지에 묻혔다고 한다. 군인 유족연금 대상자니 참전용사 의정부지청에 신청하라는 편지와 함께 말이다. 나는 모든 서류를 준비하여 언니가 유족연금을 받도록 주민자치센터에 화상 통화를 하여 수급 받도록 했다. 언니는 그 돈으로 성당에 남편 기도금도 내고, 기부금도 낸다. 죽음은 나쁜 감정도 연민으로 바꾼다. 언니는 "돈 많이 벌어서 다시 올게. 기다려." 하던 남편의 마지막 모습을 생각하며 나쁜 사람은 아니었다고 회상한다. 좋은 남편으로 기억하고 싶은가 보다.

언니의 가족 사랑은 극진했다. 사위와 사이가 좋지는 않지만 당뇨가 있는 사위를 위해 매일 점심 도시락을 준비하며 건강을 챙겨준다. 두 손녀에게도 지극 정성이다. 그뿐만이 아니다. 손 하나 까딱 안 하는 딸이 원망스러우면서도 늘 피곤해하는 딸 걱정이 이만저만이 아니다.

언니는 자기가 옛날에 괴로웠던 얘기를 자주 한다. 예를 들면 친정살이, 교육 못 받은 사실, 남편의 가출, 가족들이 약속 지키지 않고 사과는커녕 뻔뻔하게 대한 일, 어려운 일 쉽게 부탁하기 등등 말이다. 또 어머니가 나 죽으면 언니에게 천만 원을 준다고 했는데 둘째 올케 집에 가면서 그 돈 천만 원은 없어져 버렸다는 이야기를 한다. 그래서 둘째 동생한테 그 돈을 받으려 하니 둘째 동생은 사는 게 좀 빠듯하고, 또 둘째 동생을 자신이 키웠기 때문에 돈 내놓으라 소리를 못하겠단다. 엉뚱하게 큰 동생한테 가서, "큰동생 집에 있을 때 엄마가 그 통장을 준다고 했는데 어떻게 했나? 그 돈은 네가 책임지고 내 놓으라"고 했다. 통장을 본 일도 들은 일도 없는 큰동생은 얼마나 어이가 없었을까. 나는 언니의 잦은 불평이 안쓰러우면서도 매일 같은 소리를 반복해서 하니 듣기 싫을 때가 많았다.

나의 둘째 딸은 코로나로 몸이 약해져 친구 모임에도 나가지 못하고 집에만 있는 나에게 우울증 증세가 올 수 있으니 미술 심리치료를 받으면 어떻겠냐고 제안했다. 반신반의 끝에 3회만 신청을 했고, 가슴 속 이야기를 하다 보니 20회를 더 하게 되었다. 비용도 160만 원이 드는 수업이었다. 가족 중 제일 생각나는 남동생에 대해 4회 상담을 했고, 가족 나무를 그리고, 나의 삶을 10년 단위로 나누어 키워드를 만들어 나 자신을 드러

내다 보니 어느 날 느닷없이 셋째 언니가 보이기 시작했고, 아무에게도 이해받지 못해 울부짖는 마음고생 하는 모습이 파노라마처럼 스쳐갔다.

이 미술심리치료 수업으로 나는 새로운 인생을 살고 있다. 나의 가족사와 성장기의 아픔을 드러내면서 불편한 사실을 기록하고픈 마음이 생겼다. '그래! 글을 써보자!' 그리고 방법을 강구하고 싶어졌다. 이제부터 내가 할 수 있는 일은 무엇인가?

셋째 언니는 자기에게 약속을 지키지 않은 사실이 죽을 때까지 잊을 수 없는 상처로 남았다고 한다. 나는 우선적으로 돈뿐만 아니라 자기에게 책임감 없는 말과 행동으로 상처받았던 일을 해결해 줘야겠다고 생각했다.

나는 셋째 언니한테 "내가 오백만 원을 만들어 주면 앞으로는 엄마한테 받을 천만 원을 다 받았다고 생각하겠냐?" 그랬더니 "그러겠다"고 했다. 한 번에 줄 수도 있지만 지금처럼 호구가 안되려고 오백만 원을 일 년에 걸쳐서 일일이 기록으로 만들어 언니 통장에 들어가게 만들었다. 이게 다 해결되자, 큰언니가 주겠다고 약속한 돈 천만 원을 해결하려고 했다 "내가 천만 원 해주면 큰언니한테 정말 안 받을 거야"하니까,

"안 받아!, 너는 어떻게 생각하니?"

"나도 안 받는 것이 속 시원할 것 같아. 큰언니는 줄 생각이 없어" 그렇게 말해서 마음 준비가 끝난 줄 알았다.

어느 날 느닷없이 와 가지고 "네가 뭔 데 돈을 받으라 마라 그랬냐"고 소리를 지르고 난리를 쳤다. 근데 나는 이미 언

니에게 돈 천만 원을 조금씩 만들어서 통장에 보내고 있는 중이었다. 언니는 그 돈을 받으면서도 나에게 행패를 부리는 것이었다. 드디어 2년 만에 나는 천만 원을 다 완납을 해서 통장까지 주었다. 나는 이 모든 과정을 셋째 언니를 포함하여 다섯째 동생 부부의 입회 하에 진행했다. 왜냐하면 나중에 딴소리 안 나오게 하고, 또 다섯째 동생 내외와는 종교가 같은 카톨릭이기 때문에 막말은 안 하리라 믿어서였다. 셋째 언니는 이 일을 다섯째 부부가 안다는 사실에 언짢아했다. "내가 만약 죽은 후 언니를 도와 줄 사람은 다섯째 부부 뿐이야" 하니까 마음을 놓는 것 같았지만 비밀 아닌 비밀을 공유하고 있다는 찜찜한 내색이다.

어느 날 우리 집에 와서 뭘 하다가 그 통장을 보게 되어, 내가 그 기록이 무슨 내용인지를 설명하니 자기에게 간 돈이 자세하게 컴퓨터로 기록되어 있음에 깜짝 놀란다. 지금도 내가 가지고 있다. 언니에게도 주었는데 통장만 중요했고 그 기록은 내용을 알지 못했다.

언니는 가끔 무슨 얘기 끝에 언니한테 못 받은 억울했던 얘기를 한다. "다 해결됐지?" 하고 얘기하면 "아 그랬지, 너한테 받았지만 그게 자꾸 안 잊혀져."

얼마나 가슴이 아팠으면 그랬을까. 나는 어머니의 돈 천만 원 중 오백만 원과 언니의 천 만원을 셋째언니에게 대신 해결해 줌으로써 멍든 가슴에 대못을 빼 주었다고 생각한다. 그러나 아직도 언니의 기억 속에는 깊은 응어리로 남아있나 보다.

그래서 나는 뭔가 기쁜 일을 만들려고 계획하고 실천하고 있다. 언니는 나에게 '성모님께 드리는 감사기도문'과 '간단한 일기'쓰기를 배우고 있다. 잘 따라주고 있는 셋째 언니가 고맙고 또 고맙다. 언니의 얼굴도 점점 능소화처럼 활짝 피어올랐다.

내가 변하는 모습에 나도 놀라고, 쇠뿔같이 질긴 언니의 성격이 바뀌어 가고, 이제는 내 건강 걱정을 해주는 언니를 보면서 또 놀란다. 매일 아침 기도문을 읽는 언니의 모습을 생각하면 기쁘고 행복하고 삶의 희열을 느낀다. 우리는 인제 돈 얘기 안 한다. 한글 공부하고 말하는 연습도 하고 맛있는 음식 찾아 다니며 먹고 즐겁게 사는 얘기만 한다.

나는 이 아프고 슬픈, 그래서 밝히고 싶지 않은 개인의 이야기를 쓰고 싶지 않았다. 다만 나의 사후에 셋째 언니가 다시는 어려움에 처하지 않도록 사실관계를 확실하게 밝히고자 할 뿐이다. 언니도 80을 넘어 고혈압과 고지혈 약을 복용한다. 몸도 예전의 몸이 아니다.

그래서 누구든 셋째 언니에게 지속적인 관심을 가져 주길 진심으로 바라본다. 언니가 너무 고생하면서 살았고, 또 우리에게 더없이 소중한 사람이었으니까.

남편과의 만남

1972년 3월 말 어느 일요일에 맞선을 보게 되었다.

중신 아비의 말에 의하면 남편의 학력은 연세대학교 영문과 2년 중퇴이고 이유는 부친의 사업이 망해서 본인만 희생하면 동생들의 뒷바라지가 가능했기 때문이란다. 군복무는 카투사로 마치고, 신체 건강하며, 극동건설에서 근무하다가 월남전쟁 시에는 월남의 영사관에서 군인 시설물 보급부에서 일을 했고 영어가 능통하다고 했다.

우리 집은 팔 남매인데, 셋째 언니를 제외하곤 모두 대학교 이상의 교육을 받았다. 모두가 마땅히 교육을 받아야 한다는 사실이 특별하지도 않았고, 남녀의 평등이 일찍이 생활 속에서 자연스럽게 녹아 들었지만 위로부터 딸 여섯 명이라는 이유로 부모님의 엄격함이 대단했다. 즉 하나가 잘못되면 줄줄이 결혼하는데 지장이 생기기 때문이다. 그래서 졸업여행도 못 갔다. 우리 집은 유복했고 독일제 유성기 Victory(상표)가 있었고 클래식 레코드판이 수십장이 있었다. 이는 큰언니가 여고시절 정구 선수로 두각을 나타내어 학교 대표 선수였다. 시설이 없는 관계로 미 8군에서 경기를 하곤 했는데 그 때 우승 선물이 레코드판이었다. 그 후로 우리 집의 음악 수준은 향상되었고, 음악을 잘 아는 둘째 언니를 따라 나는 음악에 관하여는 독보적인 존재였다.

그 당시 음악을 들으면 '누구의 무슨 곡'이다 라고 말을 할 수 있는 정도가 되어야 소위 인텔리로 인정받는 시대이기도 했다.

특히 둘째 언니와 나는 음악 감상을 하기 위해 명동의 르네상스에도 자주 갔는데 내가 눈을 감고 듣고 있으면 "뭘 안다고 눈감고 듣냐?" 하며 핀잔을 주곤 했다. 언니와 같이 다니는 데는 이유가 있었다. 남녀 간의 만남이 주로 명동에서 이루어졌고 음악 감상한다는 이유로 만나기 때문에 둘째 언니의 입회인 자격으로 따라다니면서 나는 자연스럽게 음악 감상에 맛이 들게 되었다. 아버지께서도 바이올린 협주곡이 나오면 "야! 이건 천상의 소리다"라고 말씀하시곤 했다.

그런데 대학을 중퇴했다는 사람과 맞선을 볼 턱이 없었다. 아버지도 별로 내켜 하지 않으셨다. 하지만 아버지는 중신아비의 시아버지가 먼 친척벌이 되어 거절하기도 그렇고 하니 차 한 잔 마시는 셈 치고 약속을 잡으라고 하셨다. 드디어 맞선 날 나는 빨간 원피스에 조그마한 가방을 들고 그 자리에 참석을 했다. 그 사람의 표정은 담담한 듯했지만 만면에 만족한 표정이 역력했다. 이야기 중에 내 생일을 물어 보길래 음력 ( )월 ( )일이라 말하니 자기도 같은 날이라고 하면서 태어난 시까지 얘기가 나왔다.

덤덤하니 헤어져 집에 돌아와 아버지께 말씀드렸더니 다음 날 바로 사주를 보셨다. 아버지는 거의 흥분을 할 정도였다. 사주가 기가 막히게 좋다는 것이다. 중신아비가 이 사람과 결혼하면 훌륭한 아이를 낳고 30대 중반 넘어서는 크게 성공하여 재복도 겸비하고 편안하게 살 궁합인데 내가 결혼 승낙을 할까 걱정했단다. 아버지는 이때부터 은근히 이 사람과의 결혼을 재촉하면서 학교는 "네가 나중에라도 복학해서 공부시키면 되지 않겠냐?"하셨다. 딸이 경제적으로 잘 살기를 바라는 마음이 작용한 듯하다.

28세 연애 초년병과 31세 아저씨는 게임이 안됐다. 그렇다고 나도 결코 조신하지도 않았고, 연애도 많이 했는데 데면데면 고민 없이 그리움 없이 했던 것 같다. 이별을 하기 위한 마지막 만남으로 남산길을 걸어 내려오면서 저기가 바로 우리 집인데 하며 조금은 아쉬운 생각을 하던 순간, 갑자기 그가 나를 끌어안았고 입술이 닿았는데 나는 그만 아득해졌다. 그래서 결혼하게 되었다.

그는 결혼하여 훌륭한 가정을 만들자고 소박하게 말했다. 너무 담백한 그의 말에 그래보자고, 내가 힘을 보태겠다고 하며 정말 기쁘게 결혼 승낙을 했다. 결혼 후에도, 나에게 끔찍한 사랑을 보내주던 친정아버지 덕분에 그렇게 남편과 시댁 식구들이 나를 아껴 주셨다.

결혼 전 우리는 미국에 이민을 가려고 계획했었다. 시댁과 합의된 사항으로 알았는데 그냥 미국으로의 도피임을 나중에야 느낌으로 감지했다. 미국에 가면 나는 좋은 직장을 다닐 가능성이 있어서 서류 준비도 완벽하게 했다. 서류 준비를 하는 과정에서 남편이 대학 근처에도 안 갔고, 월남 영사관 직원이 아닌, 어떤 회사의 군대 고급직 임무로 전쟁터에 갔다 왔고, 시아버님이 농협 직원이 아닌 미곡상이었고, 남편의 특장차 운전 면허 및 여러 면허가 대부분 가짜 문서라는 것을 알게 됐다.

영어가 능통하다라도 미국 초등학생 수준이고, 필경 3등 국민으로 살 것이 뻔해 보였다. 나는 한국에서 1등 국민으로 살테니 가려면 이혼하고 가라고 했다. 거짓말이 들통났고 또 어떤 일이 터질지도 모른다는 생각에 남편의 어떤 일도 믿기지 않았다. 그는 억울했는지 다섯째 제부를 만나 나와의 결혼을 후회하며 이혼하겠다고 말했다. 다음날 여동생이 달려와 이 사실을 알렸다. 나는 담담히 이혼 결정을 했다. 이제 어떻게 수습할까?

나는 둘째 형부에게 이 사실을 먼저 알리고 다음날 형부가 시댁을 방문했다. 내 꼴을 보고 형부는 어떤 결정도 내리지 못했지만 이혼 할 것을 감지한 것 같았다. 어머님께 이혼하겠다고 말씀드리니 펄펄 뛰시며 "우리 집에서는 이혼은 없다" 그래서 "제가 그냥 나갈게요" 했다. 시이모님이 우리 집에 오셔서 "시어머님께 잘못했다"고 빌라고 하신다. 아무 말도 안 하고 방으로 들어왔다.

불행할 때는 불행한 일이 파도처럼 밀려온다더니, 그날 오후에 재래식 화장실에서 용변을 보는데 시이모님이 옆집 아낙네들과 내 흉을 보셨다. "눈치라고는 손톱만큼도 없고, 고깃국을 주면 한 그릇 덥석 먹고는 맛있다고 하고, 집안일은 못 하는

지 안 하는지 관심이 없고 어른들 눈치도 안 본다"고 수군거리는 것이다. 그러자 주변 아낙들이 "아이고 세상에 그런 일이 다 있어? 대학 나온 며느리 년들은 어느 집이나 다 그렇다더라" 하면서 한술 더 떠서 말한다. 너무 놀란 나머지 하마터면 똥둑간에 빠질 뻔했다.

방안에 처박혀 한참 울다가 결심을 했다. 이혼만이 내가 살 길이다. 그리고 다시 시작하자. 이 이야기는 내 나이 80이 가깝도록 지금까지도 고인이 된 시아버님과 친정 부모님은 물론 친정 식구들까지도 까맣게 모르는 사실이다. 마당을 내다보니 하얀 기저기가 반듯하게 널려져 있고 시아버님이 큰딸아이를 어르며 함박웃음을 지으며 세상에 이렇게 예쁜 아기가 있을까? 하신다. 정신이 후다닥 제자리로 돌아왔다.

아! 나는 아기 엄마지! 끝까지 버티며 가정을 박살 낼 건가? 아니면 남편의 결혼 희망대로 훌륭한 가정을 이룰 건가? 남편은 선의의 거짓말을 한 것이 아닐까? 갑자기 그를 위한 버팀목을 만들어 줄 재목들이 떠올랐다. 아! 내가 왜 이러지? 다시 살라는 계시다. 그래. 다시 사랑하며, 미워하며, 부딪히며 살아보자.

그날 저녁 신문에 교육 공무원 임용고시 기사가 났다. 옛날에 교수님들이 학생을 가르치면 참 좋겠다 하시던 말씀이 생각났다. 종로에 있는 공무원준비 학원에서 공부하고 시험을 보았다. 당당히 합격했지만 여성을 공업 교사로 채용하려는 학교는 없었다. 또 한번 여성이 넘어야 할 장벽을 느꼈다.

　　3월에 채용이 되어야 하는데 4월이 되어서 임시교사 자리가 있는데 두 달만 하면 된다고 했다. 무조건 OK하고 그 자리로 들어갔다. 행복하게 학교생활을 하면서 얼굴도 밝아졌다. 임시직이 끝나면서 정식 교원으로 임용장을 받았다. 날개를 단 듯, 몇 달 전만 해도 극단적인 생각까지 했던 불행했던 나는 너무나 단순하게 행복의 계단으로 발돋움하고 있었다.

　　나는 또다시 아무일 없다는 듯 행복한 얼굴로 남편과 비비적거리며 살았다. 키스 한 번에 졸도했던 혜자는 엘레베이터만 타면 "우리 한번 뽀뽀 좀 해 볼까?" 하고 바짝 붙어서 주둥이를 쭉 내민다. 그러면 남편은 기겁을 하고 "여기 CCTV있어!" 하면서 화들짝 놀란다. 나는 그 모습이 재미있어 배를 잡고 웃었다.

　　세월이 흘러 아들이 고3이 되었다. 초등부터 고등까지 반장을 하며 공부도 잘한터라 육성회 임원으로 활동을 했는데 찬조금을 미처 준비하지 못했다. 남편에게 송금 부탁을 했는데 감감 무소식이다. 내 돈으로 내라고 한다. 물론 나도 돈은 있지만 그 순간에는 융통할 수 없었다. 아들 친구 엄마에게 부탁하여 간신히 처리했다. 나는 경제권을 가지고 가타부타 한적이 없는데 급한 순간 나몰라라 하는 남편에게 무척 서운하고 배신감마저 느꼈다.

　　남편이 여행을 가자고 했다. 단연코 한 번에 거절했다. 방도 바꾸고 침대도 옮겨버렸다. 두 딸들은 미국에 유학중이고 아들은 카투사에 입대하여 집에 없고 셋째 딸은 유학 준비로 제 코가 석자인 관계로 내 마음대로 일사천리로 정리가 되었다. 시동생이 집에 와서 보고는 침대까지 바꾼 나를 보며 무척 놀라고 어이없어했다. 그 후부터 우리에게는 내 특유의 어리광과, 비비적거림, 팔짱 끼고 늘어지는 그런 알콩달콩 함이 깔끔하게 없어졌지만 세월이 흐르니 그것도 많이 유연해졌다. 그래서 부부싸움은 칼로 물베기라 하나보다.

남편은 약속대로 공업 경영학을 전공했다. 대학을 졸업한 날에는 축배의 와인도 마시고 카바레에 가서 신나게 춤추고 놀다 왔다.

남편의 회사는 날로 번창해갔다. 65세에 공장 부지를 매입하고 토지정비를 했다. 곧 기초 공사를 할 판이었다. 나는 5수에는 누에도 집을 짓지 않는다는 미신으로 걱정이 많았다. 모든 설계도면에 시동생이 사인을 하도록 했으나, 시동생은 언감생심이라며 나의 부탁을 미신으로 치부했다. 나로서는 기도밖에 없었다.

다음 해에 회사 건물이 번듯하게 건축되었고 늦가을에 이전을 했다. 많은 축하를 받았고 남편의 공로에 깊은 감사함을 보냈다.

그런데 남편에게 이상한 징후가 눈에 자주 띄었다. 남편의 지인을 만나러 서울역으로 가는 데 자꾸 숨이 찬다며 힘들어했다. 한번은 후배들과 등산하다가 다친 발목으로 아파했고, 추석 때는 음식 준비로 분주한데 가슴이 아파서 병원에 좀 가야겠다고 했다.

어지간해서는 자발적으로 병원 가는 일이 없어서 덜컥 겁이 났다. 나는 일 때문에 남편을 삼성병원에 먼저 보내고 뒤쫓아 갔다. 의사가 두고 보자고 했다. 남편은 괜찮다고 하지만 뭔가 느낌이 이상해서 병원에 가도록 여러번 권유했지만 왜 그렇게 말을 듣지 않았는지 이해가 안된다.

그러던 차에 회사에서 직원 복지 차원에서 2년에 한번씩 해외여행 계획이 있었다. 나도 남편을 따라 태국 여행을 갔다. 나뿐만이 아니라 해외여행 경험이 없는 셋째 언니도 동행할 수 있도록 주선해주어서 함께 즐길 수 있었다.

좋은 구경, 좋은 음식 먹고, 스쿠버다이빙과 수영도 하면서 실컷 즐겼다. 여행사 사장의 권유로 억지로 모자를 삐딱하게 쓰고 남편의 등에 업혀서 직원들이 있는데서 쑥스럽게 사진도 찍었다. 그때 평소에 안 하던 짓 하면 필경 무슨 일이 생긴다는 싸한 느낌이 들었다. 뭔가 안 좋은 일이 있을 것 같은 느낌이 계속 붙어 다녀서 몸가짐을 조심하고, 아이들에게도 일러두었다.

여행에서 돌아와서 우리 부부는 순천향 병원에서 건강검진을 받았는데 의사가 화들짝 놀라는 것이다. 남편이 위암 4기이고 위험한 부분이라 수술이 좀 어렵다고 한다. 우리 부부의 건강검진은 그것으로 끝이 났다.

다음날 연세대병원에 입원하고 일주일 후 진료계획이 나왔다. 방사선치료로 암의 크기를 줄여서 수술을 받기로 했는데, 치료하는 과정에서 너무 괴로워했다. 차도는 없고 입이 헤어져서 먹을 수도 없었다. 450고지로 알려진 강원도 평창에 아파트를 얻어서 3주간을 쉬고 1주일은 서울로 와서 입원 치료를 받았다. 서울로 올때에는 새벽 5시30분에 떠나서 미친 듯이 운전해서 8시에 집에 도착했다. 옷도 말끔히 갈아입고 병원에 가면 9시 30분 진료 시간에 의사를 만난다. 그제서야 나도 무사히 병원에 도착한 것에 안도의 한숨을 내쉰다. 남편의 얼굴도 활짝 펴진다. 그렇게 일주일 병원 생활을 한 뒤에는 다시 강원도로 향한다. 그때는 남편과 이런저런 얘기를 하면서 여유 있게 운전한다. 막내 서방님이 큰형님 춥지 않게 방 따숩게 하라고 쉽지 않은 거금을 보내주며 격려해주고 셋째 서방님이 회사 사정을 자주 알려주고 방문해주며 형제간의 우애를 과시해주니 그저 든든하고 고마울 따름이라고 말해 주었다.

겨울이 되니 남편은 발이 몹시 시리다고 했고 양말이 벗겨져도 감각이 없었다. 근처 아산병원에 입원하며 치료를 받았는데 헤진 입안 청소를 하다가 약 액이 기도로 넘어가는 바람에 급히 목에 관을 연결했다. 그때의 남편의 괴로운 절규는 지금까지도 트라우마로 남았다. 그 후 보기만 해도 내 목이 아픈 그런 불편한 자세로, 보름간 침대에 엎드려 지내다가 결국 생의 마지막 숨을 몰아쉬었다.

아이들만 아니면 남편을 그렇게 고생시키지 않았을 텐데, 아버지의 소식을 듣고 미국에서 온 큰 딸애가 기도로 일으켜 세우자고 하니 어쩔 수 없이 고생만 하다가 가셨다. 한없이 울고불고해도 돌아올 수 없는, 고생만 하다가 갔다는 생각에 오랫동안 슬픔과 자책이 떠나지 않았다. 사망하던 날 그 칠흑같이 어두운 밤에 아들은 남편과 119차를 타고 가고 나는 그 차를 따라 운전하며 따라갔지만 이미 앞차는 보이지도 않았고 이대로 나도 죽을 수 있다고 생각하면서 가까스로 연세대 병원 영안실로 왔다. 지금 생각해도 미친 모험을 한 것 같다.

남편이 떠난 후 남편의 회사에 회장 직함으로 9년 간 근무했다. 죽고 못 살 것 같다가도 산 사람은 어떻게든 살아가는 것 같다. 한동안 직장생활로 괴로움을 잊어 나가면서 공허했던 그 자리에 남편의 고마운 마음이 차곡차곡 채워졌다. 그리고 언제라도 내 마음과 함께하고 있음을 느낀다.

I carry your heart with me
나는 당신의 마음을 지니고 다닙니다

친구가 표구해준 E.E. Cummings의 시는 남편 사진 옆에 두고 있다.

나는 이 경험으로 건강보험공단에 직접 찾아가서 사전연명의료의향서를 쓰고 4개월 만에 등록증을 받았다. 유언장도 썼다. 뿐만 아니라 행여 의사의 잘못으로 조금 일찍 죽는다 해도 천명으로 알고 시시비비를 가리지 말라고도 썼다.

물론 죽는다면 보고 싶은 사람들을 못 보아서 서로가 슬프겠지만 거절할 수 없는 다른 세상이 기다리고 있으니 죽음이 두렵지 않다. 나의 사랑하는 남편과 고마운 시부모님께 감사함을 전하고, 또 나의 친부모님에게 위로의 마음을 전할 수 있는 때가 온다면 그때가 언제든지 뒤돌아보지 않고 기쁘게 떠나겠다.

잊을 수 없는 시 부모님

　결혼에 대해서 하고 싶은 얘기가 많다. 당시의 우리 집의 가정 경제 상황은 좋지 않았다. 언니의 영향으로 아버지는 계속 어떤 경제활동도 할 수가 없고 용기를 잃은 상태였다. 나는 그 당시에 많은 월급을 받는 직장에 있었다. 누런 급여 봉투에 급여 내용이 써져 있고 그 안에는 현금이 들어있었는데, 뜯어보지도 않고 그대로 아버지에게 갖다 드리고 생활하도록 하였다.

　그런 나를 보고 어머니는 무척 걱정을 하셨다. 아니 저렇게 돈을 넙적넙적 받아 쓰다가 아이가 결혼할 때는 어떻게 할까 하시면서, 너는 참 세상 물정을 모른다며 나를 나무라셨던 기억이 난다. 나는 그런 말씀에 전혀 동요하지 않았다. 나는 아르바이트로 주택 설계를 한다든가 하여 쓸 만큼의 돈을 벌었다. 그래서 내가 사는 데는 지장이 별로 없었다. 아마도 나는 원래 경제 관념이 없었고, 돈 걱정을 안 했던 것 같다. 필요하면 일해서 쓰자였다.

　내가 결혼할 때는 예단을 엄청 요구하는 시대였는데, 나는 그것이 불합리하다고 생각했다. 아니, 우리 집이 어려운데 내가 결혼하면 더 어려워질 것인데 무슨 예단을 준비한단 말인가! 또 예단은 도대체 왜 해가야 하는거지! 가당치 않다고 생각했다.

결혼 날짜를 받고 며칠 후, 아버지와 외삼촌이 시 어른을 만나 결혼 준비에 대한 얘기를 나누었다. 그 만남에서 외삼촌은 아직도 우리가 건재한 줄 아시고, 부자가 망해도 먹을 것이 있으니 걱정 놓으라고 하시면서 특유의 호언장담을 하셨다고 한다. 다음 날 나는 중매자를 만나 가정사정을 사실대로 이야기하고, 현재 5백만 원 곗돈을 붙고 있고, 내가 벌어 가정생활을 하고 있다고 말했다. 나는 결혼으로 한 푼의 돈도 쓸 여유가 없는 상황을 이해해주길 바란다고 당차게 말했다.

시어른은 솔직한 나의 말을 듣고 아주 신통하게 생각을 하셨나보다. 시어머니는 곗돈은 깨서 부모님께 드리고, 가방과 입던 옷 상태로만 시집을 오라고 말씀을 하셨다. 나는 당연히 그래야 된다고 생각을 했다. 나도 무슨 그런 배짱이 있었는지 알 수가 없었다. 친정에서 대학 교육까지 시켜 주시고 급여도 많은 선망의 대상인 직장도 가지고 있는데 뭐가 더 필요한가? 아마도 많은 형제들과 살면서 가운데 낀 내가 살 방도로 나만의 공간을 확보하고 남을 의식 하지 않는 이기적인 성품이 나름대로 만들어진 듯하다.

드디어 결혼을 했다. 남편도 시부모도 모두 나를 반기고 아꼈다. 고향인 경상북도 무을군에 사시는 친척들도 대학 나온 며느리를 얻었다고 걱정반 기쁨 반으로 대해 주셨다. 얼마 지나지 않아 아이를 가졌다. 시어른들은 좋아하셨지만 나는 직장 때문에 걱정이 되었다. 당시 사서 직 직원이 임신해서 근무했는데 남자 직원들의 수군거림을 보았고, 여직원도 보기 민망스러워함을 느꼈기 때문이다. 나는 1개월 때부터 힘들어서 하혈을 하고 입덧이 심해서 견디기가 쉽지 않았다. 시어머니는 배부른 며느리가 직장에 나가는 것을 탐탁치않게 여기셨다. 임신 4개월에 들어가면서 생각 끝에 나는 직장을 그만두기로 했다. 그 수군거림을 내가 견디는 재간이 없을 것 같고 또 자존심이 허락지 않았다. 과감히 사직하면서 나는 한없이 울었다. 그렇게 6년 7개월의 직장생활을 끝냈다.

결혼 후 5개월간의 직장생활을 끝내고 퇴직하면서 퇴직금을 꽤 많이 받았다. 역시 퇴직금 봉투까지 시아버지께 드렸다. 시아버지는 몹시 당황해하면서도 기쁨을 감추지 못하셨다. "이 돈을 가지고 내가 생활을 잘하마"라고 말씀을 하셨는데, 구체적인 말씀을 하시지는 않았다. 그러나 나는 그것이 어디에 쓰이는가는 관심 밖이었다. 나에게 많은 사랑을 주시고, 그윽하게 바라보시는 눈길만으로도 만족했다. 나는 결혼 후 한번도 친정에 내 맘대로 간 일도 없고, 친정 생각을 하지 않았다. 결혼했으니까.

큰딸을 낳고 100일 동안 어머니가 정성스럽게 내 몸을 보살펴 주시고 밥상을 차려 주셨다. 너무 감사했다. 나는 당연한 것으로 생각한 것 같다. 그러나 기저귀는 반드시 엄마가 빨아야 된다고 하셨다. 나는 집안일을 조금씩 떠맡게 되었다. 그러나 나의 집안일은 형편 무인지경이었다. 빨래를 하다가 우두커니 서 있기도 했다. "에미야! 너 지금 뭐 하냐"하고 얘기하면 "네?"하면서 왜 서 있는지 알아채지 못했다. 이런 내 모습을 보고 어머니는 아버지와 큰 걱정을 나누셨다. 어머니는 얘가 된장이나 고추장도 담아야 살 텐데, 밥이라도 제대로 해야지! 하면서 걱정이 늘어지자 아버님께서 냅다 소리를 치신다 "다 팔자대로 살 만한 방법이 있으니 걱정마시게, 아니면 자네가 저 아이만큼 돈을 벌든지." 언쟁은 끝났다. 나는 도저히 가정일을 하기도 싫고 몰라서도 못했다.

　이참에 나는 아버님께 이렇게 가슴앓이만 해서 될 일이 아니다 싶어서. "아버님 제가 교사 채용 고시를 보고 싶은데 교육학을 배우지 않았습니다. 교육학 공부를 위해 종로에 있는 공무원 학원에 나갈 테니 한 달만 시간을 주세요"라고 간청했다. 아버님은 흔쾌히 허락하셨다. 내 생각에는 한 달간 공부해서 붙으리라 고는 생각을 하지 못하신 것 같다. 내가 공부하고 귀가 할 때면 어김없이 버스 정류장에서 나를 기다려 주셨다. 그 다음 달에 교사 임용고시 시험을 보았다. 당당하게 합격을 했다. 그러나 아무 학교에서도 나를 채용해주지 않았다. 또 여성의 장벽을 느꼈다.

　우여곡절 끝에 정식 교원으로 교직 생활을 하게 되었다. 운이 좋아서 신나게 교직 생활을 해 나갔다. 뿐만 아니라 2개의 빈 교실을 이용하여 도서실도 만들었다. 영리한 나의 수제자들은 나의 생각을 뛰어넘어 방과 후면 어김없이 출석하여 책을 읽고, 친구들을 끌어들여 도서실 운영을 제법 잘 해냈다. 학교에서는 체구도 작고 환자 같은 내가 일을 하는 데에 적극적으로 협조해 주었다. 아버님은 나를 위해 학교 근처로 이사를 해 주셔서, 학교 일을 더 자유롭게 할 시간을 벌었다. 나는 몸이 약해 밤을 새지는 못했지만 무슨 일이 있으면 녹초가 되어 더 이상 할 수 없을 때까지 했다.

재직하면서 한 명의 딸을 더 낳았다. 아버님의 섭섭함은 말할 수 없었고, 병세도 심해져 갔다. 5년 후 아버님은 과천에 땅을 사셨다고 하셨다. 그러고는 집을 짓고 우리 가족 모두 이사를 했다.

아버님은 오랜 위장병으로 고생하셨다. 병세가 심각해져 진단을 받으니 위암이라 했다. 연세대 병원에서 수술을 받으시고 1개월 만에 퇴원하셨는데, 간호하신 어머님의 머리가 백발이 되었다. 얼마나 힘드셨는지 머리카락이 그 고통의 시간을 대변하는 것만 같았다. 아버님은 음식을 삼켜도 내려가지 않는다고 벽에다 등을 쿵쿵 찌었다. 6개월 후 연세대병원에서 진찰을 받으니 이번엔 식도암이라 했다. 1년 만에 다시 수술을 받고 퇴원하시면서 왠지 이번엔 회복이 안 될 것 같다고 말씀하셨다. 퇴원 후 병원 약을 드시면서 동네 병원에서 영양제를 자주 맞으셨다.

그 어려운 가운데 나는 또 딸을 낳아 세명의 딸 부자 종손며느리가 되었다. 종가의 큰 종부로서 부담감을 안고 사느라 몸과 마음이 피폐해질 정도였다. 둘째 동서에게 아들이 있으니 걱정 안 해도 되겠건만, 반드시 큰 종부가 낳아야 하니 내가 죽더라도 꼭 아들을 낳고, 그게 안되면 모든 종사를 끊으라고 하셨다.

　　아버님이 위중하게 되자 유언을 하셨다. "첫째, 아들을 낳아라. 둘째, 애비에게 절대로 돈 빌려주는 일을 하지마라. 셋째, 이 집을 가지고 학교 근처에서 자식 교육시키고 잘 키워라. 이 집은 네 집이다"라고 말씀하셨다. 지금까지 살아 온 집값까지 다 합해서 과천집을 지어 내 명의로 해 두신 거다. 그러면서 집문서를 보여주셨다. 문서를 자세히 보니 정말 내가 이 집의 주인으로 되어 있었다. 놀랍고 황당했다. 그 와중에도 아버님의 마음 씀씀이가 너무 고마웠다. 아버님은 이렇게 알뜰하게 재산을 일구어 아들도 아닌 며느리에게 주신 것이다.

　　아버님이 돌아가신 지 3년 만에 아버님의 유언대로 아들을 낳았다. 아들은 큰 동생이 근무하는 한양대 병원에서 낳았다. 시어머니는 장원급제 했구나 하면서 기뻐하셨다. 집안은 물론 학교에서까지 경사였다. 친정에서도 큰 기쁨이었다. 딸만 내리 6명을 낳아 마음고생을 많이 한 친정어머니는 내 마음을 잘 아셔서인지 나보다 더 기뻐하셨다. 나는 시어머님께 휠체어에 앉은 채로 큰절을 올렸다. 모든 시름이 한 번에 날아갔다.

　　아들 낳으면 퇴직하겠다고 약속한 일이 어느덧 25년을 넘겼다. 고민 끝에 퇴직을 결정했고, 고생 끝에 연금이 매달 나왔다. 나는 퇴직하면 어머님께 천만 원을 드리겠다고 약속했다. 씀씀이가 크신 어머님이 크게 쓰실까 두려워 뭉그적거리다가 3개월이 지나서야 드렸다.

시어머님은 풍채가 좋으셔서 우리는 어머님을 초등학교 '교감선생님'이라 불렀다. 중후하고 인품 또한 좋으시고 늘 넉넉했다. 의상도 고급지게 잘 입으셔서 멋쟁이 할머니였다. 아들은 7살 때 할머니의 얼굴을 이리저리 돌려 보며 우리 할머니는 왜 이렇게 이쁘게 생겼을까? 한다. 예쁜 얼굴은 절대 아니지만 인품 있으시고 귀티가 흐르셨다. 아들 눈에는 한없이 예뻐 보이는 그런 자상한 분이셨다.

어머니는 87세 나이로 심장마비로 돌아가셨다. 마지막에는 치매를 앓아 내가 맘고생을 많이 했다. 한없는 사랑에 고마웠던 마음은 이내 잊어버리고, 내 몸이 지치다보니 힘든 생각만 밀려왔다. 지금도 그 점이 가장 죄송하고 마음 아프다. 어머님은 시동생들에게 내 사후에는 형수가 엄마라고 생각하고 행동하라 하셨다고 한다. 가족과 잘 지내는 것이 어머님에 대한 최상의 효도라 생각하고 그렇게 지내려고 애쓰며 살고 있다.

어머니는 내가 눈에 넣어도 아프지 않은 자식이라고 말씀해 주셨다. 어떤 시련도 이겨 나갈 명분을 주시고 내곁을 홀연히 떠나셨다. 어머니, 너무 죄송하고 고마웠습니다. 너무 보고싶어요.

만년필과 볼펜

남편은 카투사 출신이다.

군입대 전에 중학교 영어 교재인 UNION 3년 과정을 완벽하게 암기했고 덕분에 군 생활을 잘 마쳤다고 한다. 언어에 특기가 있고, 기계 기구를 보면 구조적인 면을 잘 이해했다.

그는 꽤나 학구적이고 호기심이 많고 건강한 사람이다. 승마와 스키에 능숙하여, 가족들과 같이 즐기고 여행하고 언변 역시 좋아 주변에 친구들이 많았다.

그렇게 호탕하고 건강하던 그가 60대 후반에 들면서 9시 저녁 뉴스를 못 보고 꾸벅꾸벅 졸다가 잠자리에 든다. 새벽 3시 반이 되면 어김없이 일어나 부엌 식탁에서 YBM에서 나온 영어 책자를 보고 무조건 베껴 쓴다. 그리고는 이어폰을 끼고 들으면서 같은 내용을 베껴 쓴다. 이런 노력으로 말하기, 듣기, 쓰기가 녹슬지 않게 되었다고 말했다.

필기도구로는 광고 이면지를 비롯해 초등학교 국어 공책과, 모나미 검정 볼펜이다. 이렇게 두어 시간을 공부하고는 신문을 보고 하루 일과를 점검한다. 나는 그가 빽빽하게 쓴 이면지를 보물인 양 잘 보관했다. 정말이지 표구를 하고 싶을 정도로 정갈하고 노력의 흔적이 보이는 잘 쓴 글씨였다. 그것을 보는 사람마다 감탄을 하며 공부는 이렇게 해야 하고 자원은 이렇게 알뜰하게 써야 하는구나! 하며 놀란다. 볼펜 한자루로 쓰는 글이 1km라고 하는데 볼펜 한 다스가 금방 동이 난다. 그렇게 공부는 볼펜으로 하지만 중요한 일은 반드시 만년필을 사용한다. 용도가 달랐다.

나는 잡기 좋은 모나미 볼펜 애호가이다. 그는 "좋은 일로 사람을 만나서 기록을 할 때 근사한 만년필을 사용하는 여성이 그 어떤 보석을 착용한 것보다도 보기가 좋다"고 하며 해외여행에서 만년필을 사왔다. 곱게 수놓은 주머니에 넣어서 나에게 정중하게 선물을 했다. 즉시 가방을 들고 나와 양평에서 산 필통 주머니에 넣고 잘 쓰겠다고 감사와 사랑의 인사를 했다.

다음날 오후 교육청에 용무가 있어 들어갔다가 공연히 자랑하고 싶은 마음에 볼펜을 꺼내었다. 물론 거기에는 이미 볼펜이 준비되어 있었는데… 일이 끝나 주차장에 서 키를 꽂는 순간 만년필을 두고 나왔음을 알았다. 곧장 뛰어 올라가 문을 열고 주변을 살폈고 같이 작업했던 장학사에게 만년필의 행방을 물었으나 그 누구도 보지 못했다고 한다. 한 장학사가 "그거 비싼 거에요?" 하고 묻는다. 나는 "비싸기도 하지만 꼭 간직해야 할 귀한 거에요." 그렇게 하루 만에 나의 사물이 사라졌다.

나는 지금도 남편이 사용하던 만년필을 가지고 있다. 조경란의 <소설가의 사물>에서 어떤 사물이 특별한 의미를 부여 받게 되는 때가 있다고 썼다. 매일 있어서 필요성을 느끼지 못하면서도, 꼭 필요한 때와 장소에 따라 없으면 안되는 이런 사물—손톱 깎기, 클립, 메모용지, 가위, 안경 닦는 수건, 휴지—이 레드카펫 위의 주연상을 받는 환한 배우들같이 특별해 진다고 한다.

 아직도 남편이 사준 소중한 만년필을 마음 속 깊이 보관하고 있다.

45년생 혜자의 늙음에 대하여

어린 시절 전쟁과 피란통으로 어른들은 고생이 많았겠지만 천진난만한 어린 나는 따뜻한 가정의 보살핌으로 어려움을 모르고 산 것 같다.

두 남동생이 보물 단지로 귀하고 자랑스러웠고, 6자매는 모이면 무언가를 했고 깔깔거리고 웃었지. 이북에서 남하하여 서울에서 살았기때문에 항상 객식구가 많았지만 불편함을 느끼지 못했다. 다리가 불편한 두 동생과 장애가 있는 셋째 언니로 걱정이 많았지만 그건 어디까지나 부모님의 몫이었고, 나는 학교도 다니고 친구와 놀고 공부하며 이야기 할 데가 있어 견딜만 했다.

국민학교때는 선생님이 신이었다. 글씨는 한석봉이고, 풍금 소리는 어느 연주회장 같았고, 친절하게 웃으며 대하는 모습은, 또 운동장에서 국민체조 할 때의 힘찬 노래소리까지, 얼마나 방방 뛰며 즐거워했던지 지금도 느껴진다. 학교를 다니면서 공부를 참 열심히 했지.

불쌍한 엄마에게 웃을 일 만들고, 조금이라도 짐을 덜어드리려고, 또 달리 할 일도 없었지만. 언니들은 재색도 갖추고 공부도 아주 잘하고 운동에도 소질이 많았다. 큰언니는 정구 선수였고, 둘째 언니는 체조선수로 이름을 날리면서도 집에 들어서면 손재주가 좋아서 집안일에 엄마를 많이 도왔다. 나는 그런 것을 보면서도 한번도 힘을 보탤 생각도 안 했고, 넷째 딸이라 주목을 받지도 못했는데 아무렇지도 않았어.

중, 고등학교 다닐 때도 큰 꿈 없이 '그저 열심히 공부하면 무언가 좋은 일이 생기겠지' 하는 정도였다. 학교 교훈이 청심고지(淸心高志)였다. 언니들처럼 좋은 대학은 가고 싶었어. 학교에서의 수학 물리 화학 성적이 아주 월등하여 공과대학을 추천해 주셨다. 대학을 졸업하여 좋은 직장을 기대했지만 여성이라는 점에서 여성이 가진 유리 천정을 느꼈다. 생각을 바꾸어 연구직을 선택하던 차 과기처 산하 연구단체에 시험을 보고 입사했다.

오늘날의 삼성만큼이나 좋은 시설에서 좋은 점심 제공받고 원하는 일을 하니 너무 좋았다. 연구직은 남자들 이었지만 사서직은 재색을 겸비한 최고의 멋쟁이 집단이어서 미국 중심가에 온 듯했다. 나의 일은 외국 저널에 등재된 논문 중 교수님, 경영진, 연구원들에게 UDC번호가 기재된 논문 제목을 150여 편 번역하고 10편 정도의 중요 논문은 400자 원고지에 요약본으로 번역하여 영업부에 넘기면, 오역 내지는 오타가 없는지 확인하고, 인쇄부에서 모든 공학 논문을 모아 한 권의 책으로 발간한다. 필요한 사람의 발길이 끊이지 않았다. 그렇게 6년 7개월을 몸담았다.

결혼을 했다. 결혼 전 미국에 이민계획도 있었다. 큰딸을 낳고 얼마안되어 이민 서류 준비 과정에서 남편의 거짓이 탄로가 났다. 뿐만 아니라 주변 사람들의 거짓도 탄로났다. 나는 강력하게 이혼을 주장했다. 둘째 형부에게 이혼하겠다고 말했다. 형부도 암암리에 그럴만 하다고 생각하신 것 같다. 며칠 지나서 마당을 내다보니 툇마루에서 아버님이 딸을 어르면서 만면에 희색을 띄며 어머님께 "세상에 이리 예쁜 아기를 본 일이 없다"고 한다. 어머니도 맞장구 치신다. 나도 모르게 웃음짓다가 깜짝 놀랐다. 아니 이혼 할 사람이! 그때서야 내가 아기 엄마라는 생각이 들었다. 시어른께서 몸이 약해 젖도 물리지 못한 나를 배려해 전적으로 키워 주셔서 잠시 정신줄을 놓은 것이 분명했다.

곰곰히 생각해 봐도 달리 방법은 없는데, 어떻게 하면 아이를 데리고 손해를 안 보고 이혼할까?

문제를 본격적으로 미적분을 해본다. 먼저 미분을 해보니 아무것도 남지 않으나, 세상에 `0`도 숫자이니 먼지만 털면 되겠고, 다시 적분을 해보니 모양은 그대로다. 그럼 이 남편의 속임수는 정말 악덕한 소행인가? 하고 자문하니 그것도 아닌 것 같고, 얼마나 나랑 결혼하고 싶으면 그랬겠어?

한국에서 1등 국민으로 살겠다고 하면 여기서 끝내도 별 손해가 없을 것 같다. 나는 문제를 크게 생각하고 실컷 난도질 해본 다음 근원이 나쁘지 않다고 생각이 들면 없던 일로 한다.

약한 몸이지만 수술 후에도 회복력이 빠르고 멘탈 복원력이 빠르다. 학교 생활도 나에게 힘을 주었다. 또 남편과 언제 그랬느냐며 쫄깃쫄깃하게 살았다.

나의 이런 삶의 원동력은 친정 아버지의 무한한 사랑의 후광이었다. 군더더기가 없다. 그 후 우리에게는 거짓이 없는 함께 앞을 보는 동반자가 되었고, 그것이 남편의 눈에 딱 맞는 예쁘고 우아한 여자가 되었고, 시어른들의 든든한 며느리로 자리매김이 되었다.

이제 나는 홀로 씩씩하게 살아야 하는 미성숙한 노인이 되었다. 몇 년 전부터 건강을 위해 호수 공원을 걸었다. 일주일에 3번은 걸었는데 최근에는 건강이 많이 나빠져서 외출이 어렵다. 그때는 무작정 걷는 일에만 집중했다. 나무도 호수도 하늘도 데면데면 보았지. 한마디로 자연을 사랑하려는 영혼이 없었다. 집에만 있다 보니 다리 힘이 빠져서 겁이 덜컥 났다. 등산용 스틱에 의지하여 아파트 주변을 걸으며 나무들을 쳐다 본다. 저 나무 이름은 뭔가? 나무 이름표를 붙여 놓으면 관심이라도 생길 터인데, 공연히 남의 탓만 한다. 큰 마음 먹고 비가 올 날씨지만 우의를 입고 스틱을 짚고 호수공원에 갔다. 가까운 길로 들어서니 언제 조성이 되었는지 수국공원, 나무공원, 들꽃 공원이 구불구불 아름답게 조경 되어있었다. 반가운 마음에 다가서니 이름표는 물론 생태 설명까지 되어 있었다. 비를 맞으며 꽃 구경 하며 행복했다.

우리집에 오는 아주머니는 식물동아리 회원이다. 내가 이름 모를 나무들로 답답했다고 하니, 그 일 이후로 퇴근할 때면 같이 나가서 대여섯종의 나무와 들꽃에 대해 설명을 해주었다. 아주머니 덕분에 아파트 주변의 나무와 풀꽃들을 조금씩 알아가고 있는 중이다. 빨리 나무와 꽃들을 보고 이름을 불러주며 인사하고 싶다. 벚나무야!, 오늘은 수피의 입술이 더 선명하고 예쁘네! 느티나무야! 가지가 너무 잘 생겨서 너를 보면 힘이 나, 그늘도 만들어주고 말이야! 해당화는 또 얼마나 예쁜지, 그 속에 수술을 보면 정말 기가 막히게 아름다워! 접시꽃은 또 어떻고!

김동리 선생님의 말씀이 떠오른다.

"이름 모를 꽃이 어디 있어! 자네가 모른다고 '이름 모를 꽃'이야! 작가라면 당연히 꽃 이름을 알아내야지. 꽃잎도 만져 보고 냄새도 맡아 보아 아주 손에 쥐여 준 듯이 구체적으로 묘사해야지"

또 박완서 작가의 말도 스쳐간다.
"작가는 사물의 이름을 아는 자"

아! 작가는 이렇게 사물에 투철한 통찰력이 있어야 글을 쓸 수가 있구나! 나도 나의 이름으로 존재를 부여받듯 모든 존재에게 이름을 불러주고 제대로 대접해야겠다는 생각이 들었다. 나도 문순태 선생님처럼 식물도감을 사서 치열하게 통찰력 공부 좀 해볼까? 다음날 아주머니가 식물도감책을 가져왔다. 그 속에는 잘 말려진 특이한 나뭇잎이 끼워져 있었다. 우리나라 3

대 대표 나무가 무언지도 설명해 준다.

    이렇게 세상을 다시 관찰하려는 내 모습에 가슴이 뛴다. 아직도 늦지 않다고 떼쓰며 더 나은 미래를 꿈꾸며 설계하려는 내가 자랑스럽기도 하다. 이렇게 아름다운 생각을 하며 나로 늙어 갈 수 있다면 나는 분명 행복한 노인이다.

이래 저래 기쁜 날

 오늘은 우리 독서 모임에 경사로운 날이다. 더울림이 인천시 문화예술 지원사업에 선정되었다고 한다. 혹 이런 내 마음이 도움이 될까싶어 아침부터 목욕 재개하고 예쁘게 옷을 차려입고 귀걸이까지 했다.

 걸음에 자신이 없어 김집사에게 같이 가자고 약속하고 둘이서 팔짱을 끼고 글방에 갔다. 그곳은 이미 화기애애한 핑크빛 공기가 감돌았다. 글방은 절로 웃음이 방출되는 신비한 공간이었다.

 우리 모임 참석자는 글방 임주영 선생님을 비롯해서 어느 김집사, 가을님과 동생, 지음님과 아버지, 그리고 나까지 7명이었다. <더울림>이라는 플래카드를 잡고 기념사진을 찍으며 한껏 들떠있었다.

 미래를 내다볼 줄 알고, 침착하고 기획력 있으신, 결코 서두르는 일이 없는 선생님께 이 글을 빌려 감사한 마음을 전한다.

 이번 수업은 인천 강화에 있는 <이루라 책방>이라는 북카페에서 합평회로 진행됐다. 가을 님의 운전으로 한 시간 여 만에 도착한 이곳은 아무도 찾아오지 않을 듯한 오지였다.

자연 공간이 산과 숲으로 둘러 쌓였고 마당비로 무심하게 쓸어 놓은 듯한 전형적인 파란 가을 하늘은 뭉게구름을 쫓아내고 넉넉하게 펼쳐져 있다. 태양은 내려가기 싫은 냥 목 좋은 곳에서 버티고 있었다. 건물 앞에 허름한 대문에는 카페의 설명이 쓰인 간판이 붙어있다.

대문을 열고 올려다 본 공간은 상상을 초월했다. 마치 천국의 계단처럼 까마득하게 보이고 그 위에 펼쳐진 하늘은 영화 속에서 나 나올 법한 장관을 이뤘다. 에너지 덩어리 김집사님은 마치 우리를 잘나가는 셀럽처럼 다양한 모습으로 사진을 찍어대고는 스스로 만족해 입을 다물지 못한다.

그렇게 계단을 오르니, 잘 가꾸어진 잔디와 디딤돌, 아무렇게 놓여진 의자와 해먹이 잘 어우러져서 또 한번 깜짝 놀랐다.

카페 벽은 각종 도서가 전시되어 있었고 천정은 잠자리와 나비가 마음껏 날 듯 상상력이 날아다니는 그런 공간으로 구성되어 있어서 특별한 사람의 손길이 있었음을 느낄 수 있었다.

작업실에서 차 한잔 마시고 합평회가 시작되었다. 회원들은 자기의 글을 읽고 각자의 평가를 받아 첨삭도 하고 글의 흐름도 도움을 받았다. 나는 회원들의 짜임새 있는 글을 보고 듣는 시간이 정말 좋다. 알게 모르게 많은 것을 배우고 느낀다. 이래서 합평회가 꼭 필요하다고 생각한다. 그로 인해 확실한 희망과 용기도 생긴다.

인근에 맛집 <석모로 푸드 카페>에서 저녁식사를 했다. 통창으로 보이는 석양은 한 폭의 그림같았다. 열심히 공부했으니 이제 맛있게 먹을 일만 남았다. 오늘 식사는 내가 대접했다. 이 집이 펜션까지 함께 해서인지 음식솜씨가 아주 좋았다.

감귤 샐러드, 슈림프 볶음밥, 슈림프 리조토, 크림 리조토, 피자, 쑥 햄버거, 와인 주스 등 주문하고 모두 맛있게 먹었다.

집으로 오는 차안에서도 우리의 에너지 김집사님과 막내 지음님은 감동하고, 공감하고, 기절하게 웃고, 우리 선생님은 눈물까지 흘렸다.

드디어 집에 도착했다. 김집사님과 지음님이 굳이 나의 아파트 안 까지 들어와 손을 흔들어 준다. 엘리베이터를 탈 때까지. 그 모습에 눈물이 났다. 그때 내 눈에만 보이는 무언가가 스쳐 간다.

늙는다는 착각 —알렌 랭어
그래. 오늘은 내 생에 가장 젊은 날이야.
늙는다고 착각하지 말고
45년생 이혜자!
찬란하고 아름다운 삶에 감사하며
다시 오지 않을 '오늘'이라는 시간을
더없이 즐기며 살아보자.

금요일 오전에 만나요

초판 1쇄 발행 | 2023년 11월 20일
지은이 | 가을 · 지음 · 어느 김집사 · 헤자스러움
펴낸이 | 대봉시인
펴낸곳 | 주식회사 더울림
주 소 | 인천광역시 서구 청라루비로 6-6, 1층(청라동)
전 화 | 010-4662-7494
이메일 | the_ulim@naver.com
인스타그램 | @the_ulim
ISBN | 979-11-985250-0-0

본 책은 저작권법에 의하여 보호를 받는 저작물이므로 무단 전재와 복제를 금합니다.

본 도서는 인천서구문화재단 2023 서구예술활동지원사업의 지원을 통해 제작되었습니다.